빈손의 역설

주디스 버틀러의 후기 정치윤리학

빈손의 역설

주디스 버틀러의 후기 정치윤리학

초판 1쇄 발행 2026년 1월 26일

–

지은이 조현준
펴낸이 이방은
책임편집 이나연   **책임디자인** 박혜옥
기획 김명희·박준성   **마케팅** 최성수

–

펴낸곳 세창출판사

신고번호 제1990-000013호 주소 03736 서울특별시 서대문구 경기대로 58 경기빌딩 602호
전화 02-723-8660 팩스 02-720-4579 **이메일** edit@sechangpub.co.kr
홈페이지 http://www.sechangpub.co.kr 블로그 blog.naver.com/scpc1992
페이스북 fb.me/Sechangofficial 인스타그램 @sechang_official

–

ISBN 979-11-6684-458-4 93300

JUDITH BUTLER's
Later Political Ethics

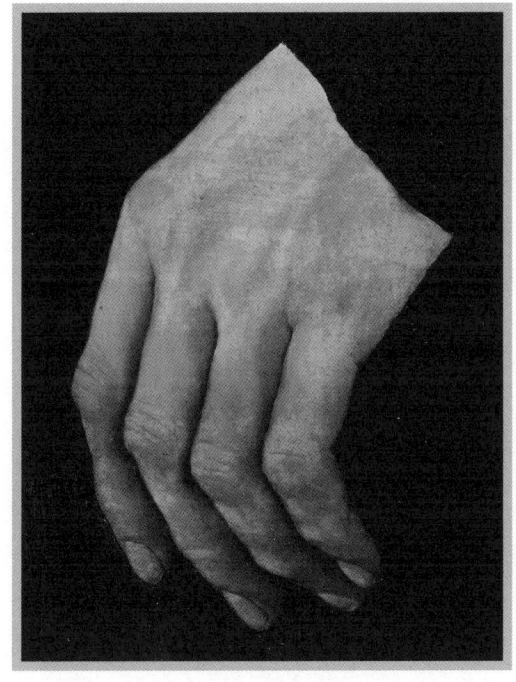

빈손의 역설

주디스 버틀러의 후기 정치윤리학

조현준 지음

세창출판사

들어가며

폭력의 정치 프레임 재편을 향한 평등주의 공동체의 윤리 투쟁

주디스 버틀러Judith Butler(1956-)는 세계적으로 저명한 미국의 철학자이자 젠더 이론가로, 현대 사회에서 매우 영향력 있는 학자로 평가받는다. 특히 『젠더 트러블Gender Trouble』(1990)은 젠더 정체성과 수행성 이론을 발전시킨 주저로 널리 알려져 있으며, 이후 『누가 젠더를 두려워하랴Who's Afraid of Gender?』(2024)에 이르기까지 여러 저서들을 꾸준히 출간했고, 페미니즘, 퀴어 이론, 정치철학, 윤리학 등 다양한 분야에 큰 영향을 미치고 있다.

젠더에서 정치윤리로의 소위 '윤리적 선회ethical turn'로 알려진 전환점 이후, 버틀러는 학문의 장에만 머무르지 않고 자신의 정치윤리 이론을 현장에서 실천하고 있으며, 세계적인 다양한 사건 사고나 폭력 현장에 대해서도 의견을 내길 주저하지 않는다. 또한 버틀러는 민주주의 정치체계에는 공통된 기반으로서 이상적 세계에 대한 정치적 상상력이 매우 중요하다고 생각한다. 그는 비상계엄령이 선포된 지난 2024년 12월 3일 강연을 위해 한국을 방문했으며, 다음 날 「인문학과 민주주의의 미래」라는 제목의 강연을 했다.[1] 처음 한국을 방문한 날 우연히 역사적 현장을 보게 된 그는, 계엄을 선포했던 당시의

---

[1] https://www.youtube.com/watch?v=ggPG0yHvfXA 이 강연에 대해서는 이 녹화본을 참고.

윤석열 대통령을 '어리석은 판단으로 파국을 불러온 주권자 리어왕'
에 비유하기도 했다.[2] 세계적 석학 버틀러는 특정 기독교 집단의 반
대와 항의 전화로 인해 강연장소를 원래 예정된 경희대학교에서 다
른 곳으로 급히 변경해야 했다.

　　지금 우리에게 버틀러의 정치윤리가 필요한 이유는 무엇인가?
현재 한국의 정치 상황, 특히 젠더 이슈와 소수자 인권을 둘러싼 갈
등과 보수적 반동이 심화되는 가운데, 주디스 버틀러의 방한은 그 자
체로 강력한 상징성을 지닌다. 젠더 규범에 대한 해체적 사유를 통해
타자성과 불확실성, 취약성의 윤리를 강조해 온 버틀러는 소수자의
목소리가 지워지거나 억압받는 사회적 맥락 속에서 억눌린 존재들에
게 억압에 대한 인식과 저항할 연대의 가능성을 열어 준다. 동시에,
자유롭고 민주적인 공론장이 위협받던 시기 버틀러의 방한은, 불확
실성과 모호함 속에서도 포기하지 않는 정치적 상상력의 회복을 촉
구하는 시의성을 담고 있다.

　　버틀러가 대표 저서 『젠더 트러블』을 출판한 지도 35년이 넘었
다. 『젠더 트러블』은 기존 페미니즘에 '트러블'을 일으키고, 백인 중산
층 이성애 중심 사회의 생물학적 여성을 집단적 정치 주체로 소환하
는 페미니즘에 대해 전복적인 재사유를 요구했다. 또한 페미니즘에
서 일반적으로 수용되던 생물학적 성별sex과 문화적 젠더gender의 구
분이 의미가 없을 만큼, 이미 생물학적 성별에도 문화적 해석과 권력
담론이 개입하고 있다는 것을 밝히고자 했다. 버틀러는 '성별은 이미

2　　https://www.hani.co.kr/arti/society/women/1171575.html 한겨레와의 인터뷰는 한
　　국 상황에 대한 그의 생각을 담고 있다.

언제나 젠더'라고 주장하며, 성별과 젠더의 의미 자체가 생물학이나 과학에 개입하는 당대의 권력과 지식 담론의 의미화 과정의 산물임을 계보학적으로 추적한다. 성별과 젠더는 확고하게 고정된 것이 아니라 사회 전반에서, 또 페미니즘 내부에서 어떻게 권력이 남녀에 대한 이해, 인식, 인정을 만들고 확산하는지에 따라 계속 수정되면서 변화한다. 남녀의 의미 자체에 대한 담론적 해석은 수행성의 방식으로 반복되면서 인간에 대한 이해 가능성, 인식 가능성, 그리고 인정 가능성으로 확대된다.

그의 후속 저작 『안티고네의 주장Antigone's Claim』(2000)과 『젠더 허물기Undoing Gender』(2004)는 인간을 인간으로 만드는 사회적 인식의 기준이 무엇인지를 심문한다. 고대 그리스의 안티고네는 태생 자체가 근친애의 소산으로 아버지와 오빠의 차이를 분명하게 밝힐 수 없다는 의미에서 친족 질서를 교란시키며, 여성이기 때문에 왕족임에도 참정권조차 인정받지 못한 상황에서도 크레온에 맞서 당당히 자기주장을 했다는 의미에서 젠더 규범을 전복시킨다. 안티고네가 목숨을 걸고 주장한 것은 '죽은 오빠가 매장될 권리'이다. 반역자의 애도를 금지하는 국가법에 맞서 모든 인간의 보편적 '애도 가능성 grievability'을 주장한 것이다.

한편, 현대 캐나다의 데이비드 라이머 사례는 인간을 인간으로 간주하는 틀과 기준을 문제 삼는다. 남자로 태어났지만 포경수술 중 의료사고로 성기가 절단되었고, 존 머니 박사의 권고로 여자로 길러지며 젠더 위화감으로 고통을 받다가, 다시 밀튼 다이아몬드 박사의 도움으로 남자로 되돌아오는 과정에서 라이머는 외과 수술대 위에서, 또 심리상담소 안에서 이분법적 젠더 규범에 기인한 심각한 폭력 앞에 놓였다. 이런 가운데 라이머의 몸과 정신을 뒤흔든 것은 성별이 불분명하면 인간이 아니라 '덜 된 인간less-than-human'으로 간주되어 살 만한 '삶의 가능성livability'을 위협받으리라는 공포였다.

'애도 가능성'과 '삶의 가능성'은 살았으되 살 만한 조건에 있지 않거나, 죽었으되 그 죽음이 인정되지 않는 정치적 소수자, 살아 있어도 인간의 삶으로 간주되지 않는 성소수자의 문제와 연결되면서, 인간이되 비인간으로 여겨지는 모든 사회적 약자의 문제로 확대된다. 2004년 출간된 『젠더 허물기』와 『위태로운 삶Precarious Life』은 인간 삶의 불평등한 사회적 인정 가능성 문제를 제기하면서, 젠더에서 확대된 여러 정치적 맥락과 현실의 권력 작용을 밝히고 윤리적 해법을 모색했다. 이런 '윤리적 선회' 이후 그는 복잡한 권력 구조 위에 있는 정치적 문제와 윤리적 갈등에 주목했다. 또한 정치적 맥락 위에서 억압 상황을 직시하여 불의에 저항하면서도 폭력을 피하고, 윤리가 보수적 인본주의로 되돌아가 규범으로 고착되어 또 다른 폭력으로 작용하지 않도록 할 방법을 모색했다.

주지하듯 버틀러의 '윤리적 선회'는 30년이 넘는 버틀러의 철학과 이론의 궤적에 있어 일종의 전환점으로 작용하면서 개인에서 공동체로, 성소수자에서 모든 소수자로 논의의 범위를 확대했다. 또한 사회적 호명과 응답에서 일어나는 화자와 청자 사이의 규정과 저항의 권력관계에 들어 있는 윤리적 관계에 주목했다. 그 관계 안에서 우리는 '서로의 삶을 유지할 의무' 및 '상대가 삶으로 간주해 달라고 요청한 방식을 존중할 의무'를 안게 된다(버틀러·조현준 2021, 267). 정치에서 윤리적 선회는 사실상 정치 안의 윤리 혹은 정치와 윤리의 연결 지점을 모색하며, 현실의 억압에 저항하면서 공통의 연대를 보존할 윤리적 방식을 추구한다. 그러기 위해서는 여성, 인간, 폭력을 정의하고 의미화하는 정치권력의 지형을 파악해야 하고, 그 권력에 저항하기 위해 기존 규범을 반복하면서 전복을 도모하는 수행성을 활용할 필요가 있다. 의미론적 기원으로 간주되던 것의 정치적 구성 과정을 밝히고, 수행적인 재의미화를 통해 기존 의미를 전복하고 변화시킬 저항의 지점을 모색하는 것이다. 그것이 퀴어 이론에서 정치'윤리'로 선회하는 지점을 경유하면서도 계속해서 유지되는 버틀러의 계보학적 비판과 수행적 저항의 방식이다.

　　버틀러의 젠더 이론과 퀴어 논의는 젠더가 사회적으로 구성된다는 점을 강조하며, 기존의 성별 이분법적 관점을 비판하고 젠더의 다양성을 탐구하는 데 중요한 역할을 했다. 또한 페미니즘 연구 내에서도 중요한 논쟁을 불러일으키며, 페미니즘의 범위를 확장하고 다양한 젠더 정체성을 포괄하는 데 기여했고, 그의 정치철학은 정치적 행위, 연대, 폭력, 그리고 저항의 문제에 대한 논의를 심화시키는 데 기여했다. 그에 더해 그의 이론은 학계에서 광범위한 논쟁과 논의를 촉발시켰으며, 그의 연구는 여러 학문 분야에 걸쳐 큰 영향을 미치고 있다. 국제적 영향력 면에서도 버틀러의 저작들은 전 세계적으로 번역되어 다양한 언어권에서 그의 이론을 바탕으로 한 연구와 논의가 활발하게 이루어지고 있다. 『젠더 트러블』이 27개 국어로 번역된 것은 잘 알려진 사실이지만, 특히 한국에서는 난해하기로 유명한 그의 저작이 거의 모두 번역되었거나 번역 중이다. 또한 그의 이론은 사회

과학, 인문학, 문화 연구, 여성주의 연구 등 다양한 분야에서 중요한 참고 자료로 활용된다. 이 책을 통해서는 그중에서 비교적 최근의 버틀러 저작을 중심으로 버틀러의 정치윤리 사상을 설명하고자 했다.

2015년에 출간된『연대하는 신체들과 거리의 정치Notes toward a Performative Theory of Assembly』에서 그는 프레카리티precarity에 입각한 윤리적 의무를 주장한다. 프레카리티, 혹은 불안정성은 버틀러가『전쟁의 프레임들Frames of War』(2009) 이후 계속 강조해 온 개념이다. 누구든 사회 세계의 프레카리티를 피할 수 없으며 그런 점에서 프레카리티의 보편적 차원이 우리 모두의 비토대적 연결점이 된다. 버틀러가 주장하는 상호 의존성은 평등의 관점에서 지속 가능한 상호 의존성을 양성하기 위한 사회적이고 정치적인 형식의 투쟁이며, 평등을 향한 윤리적 요구는 근거리와 원거리의 가역성에 달려 있다. 다시 말해 상호 의존성이 비선택적 공거의 특징이라면 '원근의 가역성'은 프레카리티 시대의 윤리적 의무이며, 그 윤리적 의무가 먼 거리의 사건을 내 앞의 것으로 만들 수 있다. 윤리적 요구는 비선택적 공거, 비의도적 근접성이라는 조건 때문에 모르는 사람의 삶도 존중할 것을 요청하고, 이런 의무는 정치적 삶의 사회적 조건 속에서 아렌트의 평등 및 레비나스의 노출과도 맞닿는 지점이 있다. '비선택적 공거'와 '비의도적 근접성'에 입각한 버틀러의 프레카리티 정치는 정치와 윤리의 접합점이자 보편 주체의 비토대적 연결점이다.

2020년에 출간된『비폭력의 힘The Force of Nonviolence』에서는 평화 시위, 집회, 거리와 네트워크의 연대를 통해 비폭력의 방식으로 폭력에 저항하면서 현실 정치에 토대한 새로운 윤리학을 정립하고

자 한다. 비폭력의 힘은 모든 사람들에게 살 만한 삶의 가능성과 평등한 애도 가능성을 줄 사회 정치적인 동력이 될 수 있다. 비폭력 운동이 급진적 평등주의의 이상에서 작동할 때, 모두에게 동등하게 살기 좋은 삶과 애도 가능한 죽음을 보장하라는 주장이자 비폭력 정치와 윤리의 근간이 될 수 있다. 비폭력은 행위 실패가 아니라 삶의 주장이며, 인간의 근본적 공격성을 부인하는 것이 아니라, 인간 심리 기반에 있는 애증의 양가성으로 발산하는 적극적 힘이다. 비폭력의 정치적 힘은 체계의 폭력이 자기 본질을 감추려는 책략을 드러내고 그것에 맞서는 데 있으므로 비폭력 저항은 수동적 침묵이 아니라 '저항과 변혁의 능동적 힘'이다. 비폭력은 너와 나의 상호 의존성에 근간한 '평등주의 상상계an egalitarian imaginary'를 전제할 때 그 불가능한 상상에서 실천적 동력을 가져올 수 있다.

　2022년에 출간된 『지금은 대체 어떤 세계인가What World Is This?』에서는 코로나19 팬데믹 상황에서 전 세계가 겪는 위기와 불확실성을 다루며, 그로 인한 정치적, 사회적, 문화적 변화에 대한 통찰을 제시한다. 또한 이 책은 팬데믹 상황에서의 불평등과 폭력의 문제를 다루고, 몸의 취약성과 정치적 권력의 관계를 탐구한다. 바이러스의 확산과 국경, 면역 체계를 넘나드는 여러 사회 현상을 통해 세계적 불평등을 지적하며, 특히 사회적 약자와 소수자에 대한 폭력과 혐오가 심화되는 현실을 비판적으로 분석한다. 또한, 팬데믹 현상학의 관점에서 팬데믹을 통해 드러난 몸의 취약성과 사회적 관계의 연관성을 분석한다. 감염병은 개인의 몸뿐만 아니라 사회 전체의 취약성도 드러내며, 특정 집단이 더 큰 위험에 노출되는 불평등한 현실을 보여 준다. 바이러스의 확산은 단순한 질병의 문제가 아니라 정치적, 사회적 권력관계와 깊이 연관되며, 질병에 대한 국가와 사회의 대응 방식은 특정 집단을 차별하고 배제하는 방향으로 작용할 수 있다. 국경과 면역 체계를 넘나드는 바이러스의 확산은 사회적 불안과 공포를 증폭시키고, 혐오와 차별을 양산하며, 특히 이주 노동자, 성소수자 등 사회적 약자에 대한 폭력과 혐오로 이어지기 쉽다.

이어서 2023년 출간된 프랑스 생기론자 프레데리크 보름스 Frédéric Worms와의 대담집『살 만한 삶과 살 만하지 않은 삶 The Livable and the Unlivable』에서 버틀러는 '살 만한 삶 the livable'의 의미와 그 의미를 만드는 정치 지형을 탐구한다. 인간의 삶은 단순히 생존에 국한되는 것이 아니라 사회적, 정치적, 심리적 요인들의 영향을 받기에 사회적 인정과 존중, 공동체 소속감 등이 결여된 삶은 살 수는 있어도 살 만한 삶이 되기는 어렵다. 버틀러는 "살 만한 삶"이라는 개념을 가져와 사회적 인정 결여, 혐오, 배제 등으로 고통받는 난민, 코로나 취약 계층, 의료 서비스를 못 받는 자들의 불평등한 삶에 주목한다. 살 만한 삶을 위해서는 평등한 존중과 인정이 필요하고, 인간인 우리 모두는 살 만한 삶을 살 가치가 있다.

2024년 출간된『누가 젠더를 두려워하랴』는 현대 사회의 성별에 대한 논쟁과 젠더 규범에 대한 비판적인 시각을 제시한다. 특히 세계적 반-젠더 운동을 비판하면서, 공포가 어떻게 반동적인 정치 세력을 강화시키고 젠더 다양성에 대한 포용을 방해하는지를 날카롭게, 또 면밀하게 분석한다. 또한 신자유주의 자본주의 체제와 결탁된 이데올로기나 페미니즘의 이름으로 트랜스를 배제하는 페미니스트,

TERF(Trans-Exclusionary Radical Feminist)를 비판한다. 트랜스 배제 페미니즘은 페미니즘이 아니라는 주장이다. 이는 신자유주의가 초래한 불안정성을 젠더 탓으로 돌리면서 공포를 정치적으로 활용하여 반동 정치의 원동력으로 삼기 때문에 생겨났지만, 뒤집어 생각해 보면 바로 여기에 저항과 연대의 가능성도 있다. 의료 지원과 삶의 조건에 취약한 존재들, 살 만하지 않은데도 살고 있는 사람들, 반-젠더 운동의 대상이 된 사람들이 연대를 결성해 사회적 불의에 맞서고, 새로운 윤리적, 정치적 관계를 모색할 수도 있다.

각 장은 여러 다른 학술지에 실렸던 논문을 이 책의 취지에 맞춰 고친 것이다. 서문은 2022년 『아시아여성연구』에 실린 글을 참고해 수정했고, 1장은 2017년 『비교문화연구』에 실린 글을, 2장은 2021년 『비평과이론』에 실린 글과 2022년 『아시아여성연구』에 실린 글을, 3장과 4장은 각각 2023년과 2025년 『비평과이론』에 실린 글을 단행본의 목적에 맞게 개작했다. 2017년부터 2025년까지 썼던 논문들을 엮고 수정하면서 대중 학술서에 맞는 일관된 스타일로 버틀러의 정치윤리 사상을 전하고자 했다.

코로나19 팬데믹이 앞당긴 4차 산업혁명과 AI 시대에 젠더는 더 이상 의미가 없을까? 그렇지 않다. 인간다운 삶, 살 만한 삶에 젠더는 여전히 유효하고 중요하다. 인공지능과 로봇 기술을 개발하는 것은 인간이고 인간은 몸을 지닌 존재, 관계에 좌우되는 취약한 존재이기 때문이다. 몸을 가진 인간, 감정의 관계성 속에 의미와 가치를 추구하는 인간이 살 만한 삶, 살기 좋은 삶을 살 수 있게 하는 데는 성별, 젠더, 섹슈얼리티가 중요한 역할을 한다. 그래서 여전히 인간은 중요하고 젠더는 논의의 대상이다. 과학기술의 현란함에 둘러싸여 정작 몸을 가진 유기적 생명체로서의 인간이 빠진 것처럼 보이는 SF 유토피아도 결국 인간의 상상력에 기반한 인간의 성과물이자 성취이기 때문이다. 우리가 여전히 인간을 살 만하게 만드는 조건을 연구하고, 정체성의 중핵인 젠더의 중요성에 주목해야 하는 이유가 바로 여기에 있다.

차례

들어가며   폭력의 정치 프레임 재편을 향한 평등주의   5
              공동체의 윤리 투쟁

1장   프레카리티 정치, 몸의 정치학과   17
              윤리적 의무

2장   비폭력 윤리와 평등주의 상상계   51

3장   포스트 팬데믹 우울증   99

4장   살 만한 삶, 그리고 여전히 젠더   141

나가며   우리 모두의 살 만한 삶과 평등한   172
              애도 가능성을 위하여

- -

참고문헌   180

찾아보기   186

프레카리티 정치,
몸의 정치학과
윤리적 의무

교과서를 잃어버릴까 봐 걱정하며 길을 걷던 18세 남학생은 우연히 치명적 폭력의 현장을 목격한다. 식당의 직원으로 보이는 한 남자가 무차별 집단 폭행으로 목숨이 경각에 달린 상황이다. 주변을 둘러보니 대여섯의 이십 대 회사원들이 있었지만, 그들은 신고만 할 뿐 나서서 폭행범을 말리지는 않는다. 학생은 순간 갈등한다. 도와주려면 목숨을 걸어야 하고 안 도와줄 바에야 그곳을 뜨는 게 낫다. 학생은 판단을 내린 후 뒤돌아선다. 그러나 불현듯 자기혐오를 느끼고 곧바로 되돌아가 무작정 폭행범 중 한 명에게 주먹을 날린다. 구경만 하던 행인들은 이런 학생의 행동을 보고서야 구타당하던 남자를 돕게 되고 시민들이 합세한 덕분에 남자는 목숨을 구한다. 호주의 SF 작가 그렉 이건Greg Egan의 단편 「단일체Singleton」의 도입부다. 이 소설처럼 눈앞에 폭력을 마주한다면 우리는 과연 무엇을 할 수 있을까? 청년은 잘한 것일까? 의로운 시민에게 박수야 치겠지만 내 가족이었다면 그 행동을 말렸을 거다. 나라면? 결코 하지 못했을 거다.

어떤 폭력의 이미지는 먼 거리에도 불구하고 바로 앞의 내 일이나 이웃의 사고처럼 느껴지기도 하고, 어떤 이미지는 비교적 가까운 거리인데도 먼 나라, 남의 이야기처럼 느껴지기도 한다. 원거리와 근거리, 즉 거리의 원근을 결정하는 기준은 사실 나의 주관적인 감응도와 감수성이다. 다시 말해 나의 수용성은 원거리와 근거리의 가역성을 결정하는 요건이 된다. 버틀러는 원거리와 근거리라는 반의어 간의 불가역성을 가역성으로 바꾼다. 주체의 감응도와 감수성이 거리의 차이를 없애는 것이다.

버틀러는 『연대하는 신체들과 거리의 정치』에서 정치적 수행성 의미의 중요성을 주장하며, 수행성이 행위 주체성agency³을 의미한다면 행위 주체성의 삶의 조건과 사회적 조건은 무엇일지를 질문한다. 버틀러의 후기 정치학은 우리가 이 세상에서 누구와 함께 살 것인지를 선택할 수 없다는 '비선택적 공거unchosen cohabitation', '비의도적 근접성unwilled proximity'이라는 한나 아렌트Hannah Arendt와 에마뉘엘 레비나스Emmanuel Levinas의 개념을 끌어와 타자와의 윤리적 공존을 역설한다.

그러나 버틀러의 윤리적 공동 거주, 즉 공거 개념은 아렌트에 대한 선택적 독해에 근거한다. 버틀러는 어떻게 우리가 함께 살아야 할 것인가라는 정치적, 윤리적 질문을 제기하면서, 인간의 활동을 의존적이고 무활동적인 사적 영역과, 독립적인 행위의 영역인 공적 영역으로 나눈 아렌트의 『인간의 조건Human Condition』에 주목한다(Butler 2015, 44). 그리고 권리 없는 사람이 공적 영역에 '등장할 권리'와, 정치적으로 합의된 행동인 '합주 행위acting in concert'⁴를 중심으로 공적 영

---

3   행위 주체성은 버틀러의 중요한 주체 개념으로, 주체의 내적 단일성이나 통일성보다 외부의 영향과 상호 관계에 의한 구성을 강조하는 주체 개념이다. 즉, 주체를 확실히 고정된 것이기보다는 그때그때 행위로 구성되는 것으로, 내적 중핵을 가지기보다 외부 작용의 효과로 만들어지는 것으로 본다.
4   버틀러는 아렌트의 자유야말로 자연스러운 능력이 아니라, 행위이고 탈개별화된 것이며 하나의 소리로 합주 중에 발생하는 행위라고 지적하면서 합주 행위의 정치성을

역에서 권리가 없는 사람들의 권리 주장 방식을 논의한다. 다만 버틀러는 필멸의 취약한 인간 신체의 생물학적 과정에 대응하는 '몸'의 정치를 중심으로, 아렌트가 몸이라는 '노동' 영역을 공적인 정치 영역과 분리하고 경시한다는 비판적 시각을 견지한다.

이 장에서는 후기 버틀러의 '타자의 정치윤리학'의 근간이 되는 동시에, 버틀러가 비판적으로 수용하는 아렌트의 정치학과 레비나스의 윤리학 중에서 주로 아렌트 논의 부분을 '비선택적 공거'와 '프레카리티[5]의 정치윤리'라는 관점에서 버틀러의 후기 정치윤리학과 연결하고자 한다.[6] 또한 버틀러가 독창적으로 제시한 비토대적 연결점으로서의 프레카리티 정치윤리의 타당성을 공사 영역의 이중성, 원근의 가역성이라는 관점에서 검토하려 한다.

1장 프레카리티 정치, 몸의 정치학과 윤리적 의무

논의하고 그 정치의 목적은 자유라고 주장한 바 있다(Butler·Spivak 2007, 26).

5   버틀러는 『전쟁의 프레임들』(2009) 이래 오랫동안 '불안정함'과 '불안정성'을 구분해 왔다. '불안정함'은 존재론적으로 취약한 인간의 보편적 조건이지만, '불안정성'은 사회적, 정치적으로 유발된 취약성의 구체적 형태를 뜻한다. 즉, 몸을 가진 유기체로서 인간의 신체적 유한함과 취약함은 보편적이고 존재론적인 상황이지만, 사회 세계 속의 인간은 제도나 시설 면에서 특정 인구에 대한 차등적인 의료 지원, 세제 혜택, 물질적 공급 등의 차별적 지원 때문에 서로 정치적, 사회적 조건이 다르고 사실상 다른 계급에 있다. 맥락에 따라 전자는 '불안정함', '위태함'으로, 후자는 '불안정성' 혹은 '위태성'으로 번역되는데 특히 후자는 저임금 파트타이머이자 불안정한 무산계급 노동자를 뜻하는 프레카리아트(precariat, precarious proletariat)와 연결해 '프레카리티'로도 옮겨진다. 이처럼 삶에 불안정성과 불안정함은 서로 얽혀 있다. 그래서 모든 삶은 위태롭지만, 어떤 삶은 다른 삶보다 더 위태로우며 이런 공통된 본질적 조건과 사회 정치적 과정을 분리하기란 불가능하다(버틀러 2024, 19).

6   레비나스 윤리학과 버틀러의 후기 정치윤리학의 관계는 필자의 다른 논문에서 이미 다룬 바 있어서 이 글에서는 다루지 않기로 한다(조현준 2013).

I. 아렌트의 비선택적 공거: 다원성과 행위

한나 아렌트(1906-1975)는 마르틴 하이데거와 카를 야스퍼스의 영향을 받은 20세기 독일 여성 철학자다. 그는 유대인으로, 세계 대전 중 홀로코스트를 피해 1933년 파리로 망명했고 그곳에서 시온주의자들과 함께 활동하며 베르톨트 브레히트, 발터 벤야민, 스테판 츠바이크, 하인리히 블뤼허와 교류했다. 1941년 뉴욕에 와서도 유대인을 위한 활동을 계속하며 1963년 시카고대학교 교수가 되었고, 그 무렵『전체주의의 기원』(1951), 『인간의 조건』(1958), 『과거와 미래 사이』(1961), 『혁명론』(1963), 『예루살렘의 아이히만』(1963) 등을 집필했다.

아렌트에게 근대화는 세계 소외의 과정이고, 전체주의는 인간이 필요 없는 유토피아를 건설하는 것을 목표로 인간을 쓸모없게 만드는 과정이다. 그리고 인간에 의한 완전한 통제를 꿈꾸는 과학과 기술은 기술 시대에 내재하는 전체주의적 경향일 뿐이다. 아렌트는 인간의 조건이 세계에 대한 사랑이라고 생각했고 그런 사랑은 개인의 아페티투스appetitus보다는 카리타스caritas, 즉 욕망보다는 자비라고 생각했다(이진우 1996, 38).『인간의 조건』은 인간의 조건, 활동, 활동 장소를 주로 다루고 있다. 무엇보다도 아렌트에게 인간 실존의 세 조건은 생명(노동), 세계성(작업), 다원성(행위)이다. 아렌트에게 공적인 것은 공중 앞에 현상하는 폭넓은 공공성이자 세계 모두에 공통적인 세계 자체를 의미한다(Arendt 1998, 50-52).

버틀러는 무엇보다도 아렌트의 '등장할 권리'와 '수행적 실천'을 기반으로 자신의 프레카리티 정치윤리를 발전시킨다. 아렌트는『전체주의의 기원』에서 '권리 없는 자들의 권리'를 주장했는데(Arendt 1973, 267-302) 국가 없는 이들도 "권리를 가질 권리"가 있다는 그의 주장 자체가 버틀러가 보기에는 일종의 수행적 실천이다(Butler 2015, 48). 또한 아렌트는『혁명론』에서 혁명은 몸을 통해 구현된다고 말했고, 국가 없는 이들도 '권리를 가질 권리'가 있다고 주장했다. 버틀러는 아렌트의 주장이 여전히 유효하다고 생각한다. 예컨대 2006년 미국에서 멕시코 밀입국 노동자들이 공공연히 모여 미국 국가를 불렀던 집회나, 프랑스의 집시 축출 반대 시위, 무슬림 여성의 공공장소에서의 시위는 사실상 시민으로서의 권리, 인간으로서의 권리를 박탈당한 사람이 그 박탈된 권리를 주장하고자 자신에게 부인된 권리를 활용하는 '수행적 모순performative contradiction'을 보여 주는 장이다(Butler 2015, 49-50).[7]

『인간의 조건』에서 아렌트는 '비타 컨템플라티바Vita contemplativa' 혹은 관조적 삶이라는 정신적 활동을 제외하고, 오직 '비타 악티바Vita activa' 혹은 활동적 삶이라는 신체적 활동에 논의를 한정한다. 비타 악티바라는 용어로 그는 세 가지 근본적 인간 활동을 지칭했는데 그것이 바로 '노동labor', '작업work', 그리고 '행위action'이다. 노동은 인간 신체의 생물학적 과정에 상응하는 활동이고, 작업은 인간 실존의 비자연적인 것, 인공적 사물의 세계에 상응하는 활동, 행위는 사물이나 물질의 매개 없이 인간 사이에 직접적으로 수행되는 유일한 활동이다. 행위의 근본 조건은 '다원성plurality'으로 인간의 조건, 즉 보편 인간이

---

[7]　특히 시민권 없는 밀입국자들이 샌프란시스코와 로스앤젤레스의 거리에서 미국 국가를 합창한 집회를 '수행적 모순(performative contradiction)'으로 보는 논의로는 Butler·Spivak(2007) 66쪽을 참고.

아닌 다수의 서로 다른 인간이 이 지구상에 함께 거주한다는 사실에
상응한다.

이 중 무엇보다 중요한 '다원성'이 모든 정치적 삶의 절대적 조
건이다. 어떤 누구도 지금껏 살았고 현재 살고 있으며 앞으로 살 다
른 누구와 동일하지 않다는 방식으로만 인간은 동일하다. 그 때문에
'다원성'은 인간 행위의 조건이다.

> 모든 인간의 행위가 정치와 다소간 관련되어 있기는 하지만, 이
> 다원성은 특히나 모든 정치적 삶의 절대적 조건, 즉 필요조건일
> 뿐 아니라 가능 조건이기도 하다(Arendt 1998, 7).[8]

사적 영역은 여성, 노예, 아이, 노동력에서 배제된 노인과 병
자의 영역이자 작업의 일시성과 관련되지만, 공적 영역은 발화 행위
가 모범적 정치 행위로 인정받는 곳이다(Arendt 1998, 45). 다시 말해 비
타 악티바 중 '작업'은 일시적이고 덧없는 몸의 활동과 관련되고, 문
화 작업과 발화된 행위를 포함하는 진정한 '행위'는 실천praxis의 영역
과 관련된다. 이런 인간의 조건은 세계의 대상성 및 사물성과 상호
보완적인데, 이는 버틀러가 주장하는 경제적이고 정치적인 불안정함
precarioiusness에 기초한 '프레카리티 정치학'의 근간이 되는 '상호 의존
성' 논의와도 긴밀히 관련된다.[9] 세계와 인간의 조건은 상호 의존적

---

8   "While all aspects of the human condition are somehow related to politics, this
     plurality is specifically the condition —not only the conditio sine qua non, but the
     conditio per quam— of all political life."
9   영화 〈성찰하는 삶〉에서 버틀러는 '상호 의존성'을 강조하면서 보통 사람이나 장애인

이라서 세계의 사물 없이 인간이 존재하는 것은 불가능하다고 보기
때문이다.

> 세계의 객관성 —그것의 대상성과 사물성— 과 인간의 조건은
> 상호 보완적이다. 인간의 삶은 조건 지어진 것이기에 사물 없
> 이는 존재 불가능하고, 사물은 인간의 존재를 조건 짓는 것이
> 아니라면 아무 관련 없는 품목들의 뭉치, 즉 비-세계일 것이다
> (Arendt 1998, 9).

다원성 개념은 내적 차별화를 포함할 수 없다. 그것은 무엇이
다원성으로 분류되는가의 문제를 제기하기 때문이다. 그 경계선은
내부뿐 아니라 외부도 확립한다. 그리고 다원성은 자신의 다원적 특
성을 잃을 때에만 배타적이기 때문에 다원성에 대한 기존 사유는 다
원성에 대한 여러 주장이 제기해 온 문제를 제기한다. 아렌트에게 비
인간적 삶은 이미 인간적 삶의 범위의 외부를 구성하는 것이기 때문
에, 그는 인간의 동물성을 처음부터 부인한다. 현재의 인간 개념도
몇몇 기초에 있어 미래의 것과 다르지 않다. 다원성이 주어진 실정적
조건을 배타적으로 특징화할 수 없는, 언제나 잠재적인 것이라면, 그
것은 하나의 과정으로 이해되어야 하며 우리는 정태적인 것에서 '역

이나 길을 걷기 위해 사회적 보조 도구가 필요하다는 점에서 같다고 말한다. 예컨대
장애인에게 휠체어가 필요한 것처럼 일반인에게도 신발이나 평평하고 포장된 지표
면 등이 필요하다. 좋은 날씨, 바람, 신호등, 표지판, 연석 경사 등은 말할 것도 없다.
영화 〈성찰하는 삶〉 혹은 책 『불온한 산책자』 8장 참고(Taylor 2008, 1:27:00; 테일러
2012).

동적'인 개념으로 바꾸어 생각할 필요가 있다(Arendt 1998, 84-85).

　　두 번째로 아렌트의 비타 악티바 중 '행위' 논의에 주목할 필요
가 있다. 버틀러의 수행성이나 수행적 행위 이론은 아렌트의 행위와
맞닿은 면이 있다. 아렌트는 행위만이 인간의 배타적 특권이며 짐승
도 신도 행위의 능력은 없다고 말한다. 그리고 행위만이 오로지 타인
의 지속적 현존에 전적으로 의지한다고 주장한다. 혼자만 거주하는
세계를 건설하는 인간은 공작인fabricator일 수는 있을지언정 결코 제작
인homo faber이 될 수는 없다는 것이다.

　　　　행위만이 인간의 배타적 특권이다. 다시 말해 짐승도 신도 행위
　　　　를 할 수는 없으며 오직 행위만이 지속적인 타자의 현존에 전적
　　　　으로 의존한다(Arendt 1998, 22-23).[10]

　　아렌트에게 '언어'와 '행위'는 인간사의 영역에서 발생하는 인
간만의 최고 능력이며 모두에게 동등하게 주어진 것이자 동일한 지
위와 종류에 속한다. 이 말은 대부분의 정치 행위는 폭력의 영역 밖
에서 행해지는 한 말을 통해 실행되며, 행위란 다름 아닌 적절한 순간
에 적절한 말을 발견하는 것이라는 뜻이다(Arendt 1998, 26).[11] 정치적이

---

[10]　"Action alone is the exclusive prerogative of man; neither a beast nor a god is
　　　 capable of it, and only action is entirely dependent upon the constant presence of
　　　 others."

[11]　"Thought was secondary to speech, but speech and action were considered to
　　　 be coeval and coequal, of the same rank and the same kind; and this originally
　　　 meant not only that most political action, in so far as it remains outside the
　　　 sphere of violence, is indeed transacted in words, but more fundamentally that
　　　 finding the right words at the right moment, quite apart from the information or

라는 것, 폴리스에서 생활한다는 것은 힘과 폭력이 아니라 말과 설득을 통해 모든 것을 결정한다는 의미이다. 다시 말해 사적인 가정에는 폭력이 난무해도 공론의 장 아고라에서는 설득이 중요한 정치 활동이라는 것이다.

아렌트는 공적 영역과 사적 영역을 설명하면서 공적이라는 용어에는 서로 밀접히 관련되나 완전히 일치하지는 않는 두 현상이 있다고 말한다. 한편으로 '공적'이라는 것은 공중 앞에 나타나는 모든 것을 누구나 볼 수 있고 들을 수 있으며 그러므로 가능한 가장 폭넓은 공공성을 가진다는 의미이다. 하지만 다른 한편으로 어떤 것이 '공적'으로 우리 앞의 실재성을 가지기 위해서는 이야기나 개인의 예술을 통해 공적인 것으로 전환시켜야 한다. 다시 말해 우리가 사생활과 친밀성에서만 경험할 수 있는 것에 관해 이야기할 때, 이 경험은 실재성을 획득할 수 있는 영역으로 들어간다. 그래서 공적인 영역의 실재성은 이야기를 통해서 전달되는 사적인 면을 갖게 된다.

버틀러는 아렌트의 다원성을 수용해서 그가 옳다면 우리는 누구와 함께 공동 거주할지를 선택할 수 없을 뿐만 아니라 포함적이고 다수적인 공동 거주의 '비선택적 특성'을 적극적으로 보존해야 한다고 주장한다. 모든 인간 사회의 포괄성을 확립하고자 한 아렌트의 도식에는 보편화가 작용하고 있지만, 그것은 그 이름으로 모인 인간성을 규정할 그 어떤 단일한 원칙도 상정하지 않는다.

communication they may convey, is action."

2. 버틀러의 프레카리티 정치학: 몸의 상호 의존과 윤리적 의무

버틀러의 프레카리티 정치는 '공거의 윤리학'과 모르는 타자에 대한 '윤리적 의무' 때문에 발생하는 '불확실한 삶'으로 정리될 수 있는데 이 중 공거의 윤리학은 한나 아렌트의 논의에서 온다. 한편 내가 모르는 타자의 요청에 응답해야 한다는 윤리적 의무는 레비나스에게서 온 것으로, 그 요청은 저 멀리에서도 또 눈앞에서도 일어난다. 모르는 사람들과 함께 지구상에 공존하므로 모르는 사람의 고통에 응답할 윤리적 의무가 있다는 것은 나의 불확실하고 불안정한 삶을 의미할 수 있다.

버틀러는 『연대하는 신체들과 거리의 정치』에서 자유는 종종 타인들과 함께 행사되며 반드시 통일되거나 순응적인 방식일 필요는 없고, 어떤 집합적 정체성을 가정하거나 생산하는 것이 아니라 지원, 분쟁, 파손, 기쁨, 단합을 포함한, 어떤 권능 있고 역동적인 관계의 집합이라고 설명한다. 그리고 이런 역동성을 이해하기 위해 '수행성'과 '프레카리티'로 축약된 이론 영역을 연구할 것을 제안한다(27-28)[12]. 연합의 틀로 나타날 권리를 어떻게 고려할 것인지, 더 일반적인 의미의 불안정한 삶을 사는 사람들과 성소수자를 연결하는 틀을 어떻게 생각할 것인지를 제시하기 위해서다.

버틀러의 프레카리티 정치는 아렌트가 『전체주의의 기원』 및 『혁명론』에서 주장해 온 '권리를 가질 권리right to have rights'에서 비롯된

---

[12]　이 장에서는 『연대하는 신체들과 거리의 정치』의 출처 표기에 한해 면수만 기재한다.

다. 합일된 정치적 행위, 즉 '합주 행위'는 원래 그 행위를 할 권리가 없던 사람들이 정치 행위 중에 그들의 권리로 인정받지 못한 어떤 행위를 하면서 존재화되는 행위이자 권리이다.[13] 예컨대 권리 없는 권리, 나타날 권리가 없는 이들이 나타날 권리를 주장하는 트랜스젠더들의 대중 집회에서 대중, 즉 트랜스젠더들은 원래 그 공간에 가는 것이 불가능하며 영원히 그 공간에서 배제된 이들이다. 그런 사람들이 공적 공간을 점유하고 공적 공간에서 나타날 권리를 주장한다는 것은, 트랜스젠더들을 공적으로 가시화하고 그들의 목소리가 들리게 하며 그들 젠더 위치의 프레카리티에 반박할 뿐만 아니라 동시에 살기 좋은 삶을 요청하는 것이기도 하다(Lloyd 2015, 180).

　　'프레카리티'는 무엇이고 프레카리티 정치는 불안정함의 정치와 무엇이 다른가? 버틀러의 프레카리티는 사회적이고 경제적인 조건이지, 하나의 정체성이 아니다(58). 그것은 여성, 퀴어, 트랜스젠더, 빈곤층, 장애인, 무국적자뿐 아니라 종교적이고 인종적인 소수자도 한데 모을 수 있는 기준rubric이다. 집회의 수행성은 프레카리티에 반하여 프레카리티로부터 행동하는 방식이기도 하다. 버틀러는 프레카리티가 우리의 사회성을 노출시키며 그 사회성이 우리 상호 의존에 필수적인 차원이라고 주장한다. 그리고 여기서 요점은 인본주의

1장. 프레카리티 정치, 몸의 정치학과 윤리적 의무

13　　합주 행위는 아렌트가 『공화국의 위기』에서 인간을 정치적 존재로 만들어 주는 행위 능력이자 동료들과 어울리고 공동의 행위를 하게 해 주는 행위 능력으로 말한 바 있다. 권력은 단순히 행위할 인간의 능력이 아닌, 합일된 행위, 즉 합주 행위를 할 인간의 능력에 달려 있다는 것이다(Arendt 1972, 143). 한편 '합주 행위'는 버틀러의 『젠더 허물기』의 서문 제목이기도 한데, 버틀러에게 합주 행위는 공적인 장에서의 행위 능력, 집단적 정치 행동을 지칭하며, 엄밀히 말해 행위는 합주 속에서만 가능하다고 주장한 아렌트의 사상을 계승한다(조현준 2017, 247).

의 부활에 있는 것이 아니라 프레카리티에 근간한 '윤리적 의무' 개념을 위한 투쟁이 있다(119). 그런 의미에서 프레카리티는 윤리학의 필요성을 나타내는 명칭인 동시에 그 곤경을 지칭하는 명칭이기도 하다(109).[14]

프레카리티는 '수행성' 및 '상호 의존'과 관련된다. 첫 번째로 '수행성'만 해도 두 가지 의미가 있다. 수행성은 무엇보다도 발화 순간의 언어적 발화가 어떤 것을 발생하게 하거나, 어떤 현상을 존재로 만든다는 특성이 있다. 젠더가 수행적이라는 것도 젠더란 규범에 따른 실행enactment이라는 뜻이다. 예컨대 젠더의 '등장'은 내적이거나 내재적인 진리로 오해되지만, 젠더는 어떤 사람에게 이런저런 젠더가 되어야 한다고 요구하는 의무적 규범으로 인해 촉발된다. 프레카리티는 인간의 근원적 취약성이 최대화되고 자의적 국가 폭력에 대한 노출이 극대화되는 정치로 인해 유도된 상황이다. 수행성으로서의 프레카리티는 규범의 실행인 동시에, 정치적으로 유도된 것으로, 보편적 불안정함의 차등적 분배이다.[15] 즉, 프레카리티는 현실 정치의 수행성과 보다 직접적이고 구체적으로 관련된다.

'프레카리티'는 특정 인구가 실패한 사회경제 지원 네트워크로 인해 다른 사람보다 더 고통 받으며 상해와 폭력과 죽음에 차등

---

14   "Precarity names both the necessity and difficulty of ethics."
15   근원적 취약성은 『위태로운 삶』, 『젠더 허물기』, 『윤리적 폭력 비판』에서 주로 논의한 개념으로, 타인에 대한 주체의 근본적 의존과 그에 따르는 주체의 불투명성이 바로 가장 중요한 윤리적 유대를 발생시키고 유지하는 것이라고 주장하며 이를 예증하기 위해 주체성의 심리적 구성이 아닌 육체적 구성에 초점을 맞춘다(Lloyd 2007, 139; Butler 2005, 20).

적으로 노출되는 상황을 지칭한다. 앞서 말한 대로, 따라서 프레카리티는 불안정함의 차등적 분배이다(33).[16]

버틀러는 아테나 아타나시오우Athena Athanasious와의 대담에서 프레카리티는 불안정화precaritization를 포함하는 것으로, 특정 인구가 불안에 익숙해지는 과정이라고 설명한다. 불안정화에는 불안정함의 생생한 느낌이 포함되며 그것은 미래에 대한 비관과 불안이 고조된 감각이라고 주장한다.[17] 이때 '프레카리티', 혹은 불안정성은 '불안정함precariousness'이나 '불안정화'와 구분되는데 모야 로이드Moya Lloyd는 불안정함이 추상적이고 실존적인 층위의 이론적 기반과 관련된다면, 프레카리티는 좀 더 구체적으로 정치적인 개념으로서 특정 인구가 노출되게 만드는 취약성을 역사적으로 예증하는 관점에서 이해된다고 본다(Lloyd 2015, 181). 다시 말해 프레카리티는 특정한 삶이 더 불안하거나 불평등하거나 궁핍한 구체적 상황이므로 수행성이나 행위의 실천적 측면이 좀 더 많다.

버틀러는 프레카리티가 출발점이 될 때 수행성에 정치적으로 어떤 일이 발생할지를 중심으로 프레카리티와 수행성의 상호 작용에

16 "'Precarity' designates that politically induced condition in which certain populations suffer from failing social and economic networks of support more than others, and become differentially exposed to injury, violence and death. As I mentioned earlier, precarity is thus the differential distribution of precariousness."

17 "One reason I am interested in precarity, which would include a consideration of "precaritization" is that it describes that process of acclimatizing a population to insecurity ⋯ These affective registers of precaritization include the lived feeling of precariousness, which can be articulated with a damaged sense of future and a heightened sense of anxiety about issues like illness and mortality"(Butler·Athanasiou 2013, 43).

대해 주장해 왔다. 버틀러에게 수행성은 '행위 주체성에 대한 설명'인 반면, 프레카리티는 '통제력을 잃은 것처럼 보이는 방식으로 삶을 위협하는' 조건을 지칭한다. 따라서 버틀러가 말하는 '프레카리티 조건 속의 수행성'은 불안정화된 인구가 어떻게 정치적으로 행동하는 것이 가능한지를 질문한다(Lloyd 2015, 177).

버틀러는 수행성에는 두 가지 차원, 즉 우리는 늘 행위를 당하기도 하고 행위를 하기도 한다는 두 차원이 있다고 주장하면서 이것이 바로 수행성이 자유롭고 개별적인 수행으로 환원될 수 없는 이유라고 지적한다(Butler 2016, 24). 우리는 스스로 택한 적 없는 담론에 취약하기도 하고 그 담론에 영향 받기도 한다. 이런 취약성의 의미가 무엇인지를 이해하게 해 줄 만한 것으로, 저항과 취약성의 두 가지 관계를 살펴볼 필요가 있다. 버틀러는 그중 하나가 심리적이고 정치적인 차원을 갖는 취약성에 대한 저항의 의미이고, 다른 하나는 정치적 저항 실행의 일부로서 취약성의 의미 자체의 변화라고 주장한다. 다시 말해 첫 번째 의미는 '취약성에 대한 정치적이고 심리적인 저항'으로 우리의 몸으로 체현된 삶에 기초해 개별적 주권 관념을 강화하려는 것이다. 한편, 정치적 저항은 근본적으로 취약성의 동원에 의존하는데, 이때 취약성 자체가 노출되는 동시에 '취약성이 행위자가 되는 방식'이 될 수 있다는 것이 취약성의 두 번째 의미이다. 이런 집단적 저항 형태는 취약성을 정복해 행위 주체를 확립하려는 정치 주체사상과 구분되어야 한다. 즉, 보편적 취약성의 조건과 개별 취약성의 상황을 구분하고, 전자는 취약성에 기반한 연대의 지향으로, 후자는 정치적 차별의 근간으로 보는 것이다.

이런 수행성과 취약성은 두 번째로 '상호 의존'이라는 사회적 조건으로 노출되는 프레카리티로 연결된다. 아렌트는 『인간의 조건』에서 삶의 물적 조건의 재생산, 덧없음과 재생산과 죽음 같은 생물학적 욕구의 문제가 불안정적 삶에 속한다고 보았다. 전체 인구가 몰살될 가능성은 이 지구상에 누구와 함께 살지를 결정할 수 있다고 보는 사람들이 있다는 뜻일 뿐 아니라, 이런 사고방식이 환원 불가능한 어떤 정치적 사실의 부인을 전제로 한다는 뜻이기도 하다. 즉, 타인에 의한 파괴에 노출된 취약성은 모든 정치적이고 사회적인 상호 의존성의 양식 안에 있는 프레카리티의 조건에서 비롯된다는 뜻이다(118).

그런 의미에서 버틀러에게 프레카리티는 우리 중 누구도 피할 수 없는 사회적 삶의 차원이자 근원적 취약성에 입각한 상호 의존의 토대에서 비롯된다. 인간 상호 간 비토대적 연결점으로서의 프레카리티가 종족학살에 맞서고 평등한 관점의 삶을 유지하도록 우리에게 의무를 지운다고 파악할 때 이는 공거의 가능성으로 이어질 수 있다.

> 누구도 사회적 삶의 불안정한 차원을 피할 수는 없다. 즉 그것은 우리 **비토대의 연결 지점**이라고 할 수 있을 것이다. 그리고 우리가 공거를 이해하려면 종족학살에 대항하고 평등의 관점에서 삶을 유지할 의무를 주는 일반화된 프레카리티를 이해해야 한다. 우리 삶의 이런 특성이 그것이 의도적인 것이든 부주의에서 비롯된 것이든 어쩌면 종족학살로부터 보호할 권리의 기반으로 작용할 수 있을 것이다. 결국, 우리의 상호 의존성이 사회적이고 신체적인, 나약하고 열정적인 존재 이상으로 우리

를 생각하는 존재로 구성한다고 해도 우리의 생각은 상호 의존적이고, 삶을 지탱하는 삶의 조건을 전제하지 않고는 그 어디도 갈 수가 없다(119, 강조는 필자).

이제 상호 의존성은 평등의 관점에서 인간을 바라볼 사회적이고 정치적인 기반이 된다. 윤리적 관점이 근접성과 원근의 가역성에 의존한다면, 완벽하진 않아도 이 가역성에서 특정한 유대가 형성될 수 있다. 그리고 이런 유대로 공거의 특징이 되는 상호 의존성을 이해할 수 있다. 피식민자들에게 속한 비선택적 공거의 양식은 평등에 근거해 성립된 민주적 다원성 개념과 꼭 같지는 않다.[18] 그러나 비선택적 공거와 민주적 다원성은 비참한 사람들의 애착과 인접성의 양식을 공유한다.

버틀러의 프레카리티에는 육체적 욕구와 몸의 '상호 의존성'을 조직하는 사회적이고 정치적인 조직화가 특정하게, 구체적으로, 또 역사적으로 포함된다. 로이드는 프레카리티가 유럽 맥락에서 포스트-포디즘하의 노동의 유연화에서 나타난 재정적이고 실존적 불안insecurity을 의미하는 반면, 불어 프레카리자시옹précarisation의 영어식 신조어인 불안정화는 1998년 피에르 부르디외가 설명한 바에 따르면 노동자에게 일반화되고 영구적인 불안 창출에 기초한 새로운 종류의

---

18 버틀러는 아렌트의 다원성 개념이 다원성을 하나로 통합하려는 것 너머에 있을 뿐 아니라 다원성을 내부적으로 분류하려는 노력에도 반대한다고 주장한다. 다원성은 내적으로 변별화되어 있으나 분류와 변별화는 다르기 때문이다. 하나의 고통은 결코 다른 고통과 같을 수 없지만, 그와 동시에 거주지 이전과 국가 없음으로 인해 강제된 모든 고통은 모두 똑같이 수용 불가능하다(Butler 2011a, 88-89).

지배양식이다(Lloyd 2015, 173).

　　나약한 몸의 상호 의존은 몸의 정치학이 윤리적으로 접합될 기반이다. '상호 의존'의 정치윤리는 필멸의 몸, 취약한 몸에서 비롯된 몸의 새로운 재개념화에 기초한다. 2004년 『젠더 허물기』에서 "나의 몸은 내 것인 동시에 내 것이 아니다"(Butler 2004a, 21)라고 주장할 때 버틀러에게 몸의 자율성은 이미 살아 있는 생생한 패러독스였다. 버틀러에 따르면 내가 택한 적 없는 사회 세계에 의해 내가 구성되었고, 그 사실로 인해 열려 있다는 이 패러독스만이 내가 행위 주체성을 가질 수 있는 조건이다(Butler 2004a, 3).[19] 새뮤얼 체임버즈와 테럴 카버는 버틀러에게 젠더와 섹슈얼리티가 타인에게 노출되고, 사회화 과정 중에 암시되고, 문화 규범 속에 각인되고, 사회적 의미 속에 이해되는 것은 다름 아닌 '몸'을 통해서라고 지적한다(Chambers·Carver 2008, 71). 이런 '몸의 정치학'은 단순히 몸에 부착된 권리의 정치학이 아니라 삶을 살기 좋게 만드는 규범과 관련된 정치학이다. 로이드는 버틀러의 이런 새로운 '몸의 정치학'에 주목하면서 새로운 육체 존재론corporeal ontology에 입각한 이 새로운 정치학의 목표는, 몸의 근본적 의존성이라는 가정을 재고하게 만든다고 지적한다(Lloyd 2015, 170).

　　이처럼 '수행성'과 '상호 의존'으로서의 프레카리티는 원거리와 근거리에 있는 타자의 고통에 대한 윤리적 의무를 부과한다. 버틀러는 적대적이고 비선택적인 공거의 양식이라는 상황에서 몇 가지 '윤

19　"My agency does not consist in denying this condition of my constitution. If I have any agency. It is opened up by the fact that I am constituted by a social world I never chose. That my agency rive with paradox does not mean it is impossible. It means only that paradox is the condition of its possibility."

리적 의무'가 발생한다고 주장한다(121). 첫째, 우리가 누구와 이 지구 상에 함께 살 것인지를 선택할 수 없기 때문에 사랑하지 않을 수도 있는 삶을 보존할 의무를 존중해야 한다. 두 번째로 이런 의무는 정치적 삶의 사회적 조건에서 나온다. 세 번째로 이런 조건은 아렌트 말대로 평등을 의미하기도 하지만, 레비나스 말대로 프레카리티에 노출된다는 의미기도 하다. 따라서 우리는 우리에게 부과된 전 지구적 의무, 즉 프레카리티를 줄이고 경제적, 정치적 평등을 확립하라는 의무를 이해해야 한다. 평등과 최소화된 프레카리티라는 특징을 갖는 공거 형태는 예속과 착취에 대한 저항으로 성취해 내야 할 목표가 된다. 우리라는 공동체는 인간성에 대한 폭넓은 사랑이나 평화에 대한 순수한 욕망으로 형성된 것이 아니라 평등한 프레카리티의 조건에서 온다. 그래서 우리는 프레카리티 안에서, 프레카리티로부터, 또한 프레카리티에 맞서 싸운다We struggle in, from, and against precarity(122).

프레카리티 정치는 이처럼 수행성 및 상호 의존과 관련되며 원근에 관계없이 우리에게 닥친 타인의 고통의 이미지에 윤리적 책임과 의무를 부과한다. 우리는 선택권이 없기 때문에 이 지구상에 모르는 이 혹은 사랑하지 않을 수 있는 이와도 함께 살아간다. 우리가 때로 이런 비선택적 조건에 반대하더라도 우리는 비선택적 사회 세계의 궁극적 가치를 확인하기 위한 투쟁의 의무가 있다.

3. 버틀러의 아렌트 수용과 비판

　　버틀러의 프레카리티 정치는 아렌트의 '공거의 윤리학'과 레비나스식의 타자에 대한 '윤리적 의무' 때문에 발생하는, 불확실한 삶에 기반한 '프레카리티 정치윤리'로 정리될 수 있다. 버틀러에 따르면 레비나스는 윤리학자고 아렌트는 사회학자이자 정치학자지만 둘 다 공통적으로 개인주의에 대한 고전적 '자유주의liberalism' 개념에 이의를 제기한다. 특히 아렌트는 우리가 계약으로 성문화된 관계에 대해서만 책임이 있다는 자유주의 사상을 거부한다. 누가 살 수 있고 살 수 없는지의 성문화된 선택이 필연적으로 홀로코스트와 같은 '종족학살'로 귀결되기 때문이다.

　　버틀러가 주목한, 지구상에서 우리가 모르는 사람과 함께 산다는 아렌트의 '공거의 비선택성'은 윤리적이고 정치적 존재로서의 우리의 존재 조건이다. 따라서 종족학살의 특권을 행사한다는 것은 사람됨의 정치적 조건을 파괴하고 (개별 행위가 아닌 다수의 행위로서의) 자유 자체를 파괴하는 것이다. 다원성이 없이는 자유도 없고 따라서 선택도 없다. 그 말은 자유의 '비선택적' 조건이 있고 우리는 자유로운 상태에서 우리를 위해 '택해지지 않은' 그 무엇을 긍정한다는 의미다. 지구상 공거의 비선택적 특성은 아렌트에게 있어 윤리적이고 정치적인 우리 존재 자체의 조건이다(111).

　　아렌트는 『예루살렘의 아이히만』에서 아이히만과 그의 상급자들이 깨닫지 못한 것은, 지구상 인구의 이질성heterogeneity이야말로 사회적이고 정치적인 삶의 불가역적 조건이라는 점이라고 주장한다.

아돌프 아이히만은 어떤 인구가 죽고 살아야 하는지를 자신이 선택할 수 있다고 생각했고, 누구도 어떤 사람과 이 지구상에 공동 거주할지를 택할 특권이 없다는 사실은 이해하지 못했다. 누구와 살지의 선택권이 제한된다는 것은 우리가 이미 존재하는 기존 사람들과 함께 살 의무가 있다는 뜻이며, 아이히만이 이 지구상에서 누구와 함께 살지를 선택하려는 노력은 특정 인구(유대인, 집시, 동성애자, 공산주의자, 장애자, 병자 등)를 절멸하려는 뚜렷한 노력으로 나타났다. 이는 정치적 삶의 전제 조건으로서의 공거에 대한 공격인 동시에, 우리가 다원적이고 열린 공거의 비선택적 특징을 적극적으로 보존하는 제도와 정책을 고안해야 한다는 명제도 만들었다. 공거의 윤리적 관점은 그 '비선택적 특징'에 있다. 지구상에서 함께 산다는 것의 필연성은 우리가 모든 이웃 공동체 국가의 정책과 행위를 따라야 한다는 원칙에서 온다. 모든 공동체의 토대는 그것이 비공동체의 방식으로 종족학살에 반대하는 데 따른다는 조건 아래서만 정당화된다.

　　아렌트는 유대인만이 아니라 특정 집단 때문에 공거에서 축출될 모든 소수자에 대해서 말한다. 아렌트가 유대인을 나치에게 박해를 받은 다른 민족과 분리하지 않는 이유는 그가 '인간의 삶과 동연하는 다원성plurality coextensive with human life'의 이름으로 주장하기 때문이다. 아렌트 자신이 나치 독일의 망명자라는 디아스포라 유대인의 역사적 관점에서 아이히만을 판단하지만 동시에, 특정 민족을 대표하는 이스라엘 법정에도 반대한다. 아이히만의 죄는 인간됨에 대한 범죄이다. '비선택적 공거' 개념은 지구상의 인구가 불가역적인 다원성과 이질성의 특징을 갖지만, 그만큼 이 지구상에 살 똑같은 권리를 주장을 하면서 '평등'에도 기여한다. 이 두 가지 주장은 그가 1948년 유대 주권의 원칙에 기반한 국가로서의 이스라엘 건국에 반대하는 데도 작용한다. 그는 한 국가의 건립을 위해 그 땅에 거주하던 거주민을 축출해 새로운 난민 계급을 만드는 데 반대한다.[20]

아렌트는 이 지구의 소유권을 주장할 수 있는 인구, 공동체, 민족 국가, 지역 단위, 혈족, 당파, 혹은 인종이란 없다고 주장한다. 이 말은 '비의도적 근접성'과 '비선택적 공거'야말로 우리 정치적 존재들의 조건이라는 의미다(114). 의도하지 않은 근접성과 선택하지 않은 공동 거주는, 우리가 다른 인간 집단을 파괴하지 않고 종족학살을 인간성에 반하는 범법행위로 금지하며 모든 삶을 평등하게 살기 좋게 만들라고 요구하는 기관을 만들 의무의 기반으로 작동한다.

실제로 비의도적 근접성과 비선택적 공거는 어떤 인간 집단도 파괴할 수 없고, 모든 종족학살은 인간성에 반하는 범죄로 불법화해야 할 뿐만 아니라, 여러 단체들 모두가 삶을 살기 좋고 평등하게 만들라는 요구를 하게 할 우리 의무의 기반으로 작용하기도 한다. 따라서 아렌트는 비선택적 공거에서 '보편성'과 '평등'의 개념을 끌어온다. 그리고 이런 개념들이 일부 인구가 사회적으로 죽었거나, 잉여이거나, 혹은 내재적으로 살 가치가 없어서 애도 불가능한 것으로 간주되

---

20 1948년 이스라엘 건국일은 그 땅에서 이천 년 가까이 살아온 팔레스타인 민족에게는 알 나크바, 즉 수치와 모욕의 날이다. 버틀러는 『주디스 버틀러, 지상에서 함께 산다는 것』에서 이스라엘 민족과 팔레스타인 민족의 평화로운 공존의 방식으로 '두 민족 한 국가론(binationalism)'을 제안한 바 있다(Butler 2012, 28-53). 사이드와 베냐민과 아렌트의 복수성과 이질성에 근간한 대안적 정치 공동체에 대한 더 자세한 논의로는 조현준(2013) 37-48쪽을 참고.

지 않을 인간 삶을 추구할 기관을 약속하게 한다(115).[21]

　　공동 거주라는 문제에 대해 잘 생각해 보기 위해서는 많은 논쟁을 촉발한 아렌트의『예루살렘의 아이히만』(Arendt 1963, 277-278)에 주목할 필요가 있다. 아이히만은 자신과 자신의 상관이 이 지구를 누구와 함께 살지 고를 수 있을 거라고 생각했고, 지구상 인구의 이질성이 사회적이고 정치적인 삶의 비가역적 조건이라는 것을 깨닫지 못했다(Butler 1983, 83). 버틀러는 공동 거주를 '집합된 망명convergent exiles'으로 이해할 것을 제안했으며 이런 집합이 비유적 형태만 취한다고 생각하면 오판이라고 주장했다(79). 아이히만의 사례에서 이 지구상에 누구와 함께 살지를 선택하려는 노력은 인구의 일부, 즉 유대인, 집시, 동성애자, 공산주의자, 장애인과 병자 등을 멸절하려는 분명한 노력이며 그런 자유의 행사는 집단학살을 의미할 뿐이기 때문이다.

　　버틀러는 아렌트의 비선택적 공거와 정치적 행위로서의 나타날 권리를 수용하면서도『인간의 조건』에서 비타 악티바를 노동과 행위로 구분하여 몸과 정신의 이분법을 보인다고 비판적으로 독해한다. 예컨대 사적 영역에 속하는 외국인, 비숙련자, 여성화된 몸은 말하는 남성 시민을 위한 가능성의 조건이라는 것이다. 아렌트에게 몸의 필요는 사적 영역으로 떨어지는 반면 버틀러가 주장하는 프레카

21　　"Indeed, unwilled proximity and unchosen cohabitation also serves as the basis of our obligations not to destroy any part of the human population and to outlaw genocide as a crime against humanity, but also invest institution with the demand to seek to make all lives livable and equally so. Thus, from unchosen cohabitation, Arendt derives notions of universality and equality that commit us to institutions that seek to sustain human lives without regarding some part of the population as socially dead, as redundant, or as intrinsically unworthy of life and therefore ungrievable."

리티는 몸의 의존성, 욕구와 배고픔, 쉼터의 필요, 상처와 파괴에 취약함, 삶을 번영하게 만드는 사회적 신뢰, 정치적 문제로 우리의 존속과 연결된 열정을 규명할 수 있을 때에만 의미화된다(117).

버틀러의 아렌트 비판은 몸 자체가 공적인 것과 사적인 것으로 나뉜다는 데 있다. 즉 아렌트가 '공적'으로 말하고 행동하는 것과, 성적이고 노동하며 여성적이고 외질적이며 침묵하고 그래서 보통 '사적'이고 전-정치적인 영역으로 강등된 몸이 있다고 구분하는 데 있다. 아렌트의 노동과 행위의 분리는 불안정한 삶들이 거리에 모여 연대의 형태로 집회할 때 제기하는 문제와도 같다. 만일 몸의 삶이라는 영역이 등장의 영역에서 격리되고 부인된 조건으로 작용한다면, 그것은 공적인 영역을 가능하게 하고 지배하는 '구조적 부재structuring absence'(86)가 된다는 주장이다. 그것은 아렌트가 몸의 문제 즉, 어떤 장소에 들어 있는 몸의 문제와 정치적 행위의 일부로 "등장의 공간" 안에 나타나는, 말하는 몸의 문제를 이론화했으나 음식 분배와 주거권, 재생산적 노동 영역의 불평등을 극복하려 분투하는 몸의 정치학은 선언하려 하지 않았다는 비판이기도 하다. 다시 말해 아렌트의 정치학은 노동, 작업, 행위 중에서 몸의 실질적 존속에 필요한 음식, 집 등 생계와 관련된 노동 영역을 배제하고 있다.

아렌트는 『인간의 조건』에서 행위를 포함한 다른 활동보다 관조가 우월하다는 플라톤의 정치철학을 비판적으로 독해한다. 그는 삶의 필연성과 타인의 충동으로부터의 자유라는 고대의 자유 개념이 중세에 잘못 번역되었다고 본다. 비타 악티바는 인간의 활동을 포함하지만 절대적 고요와 관조의 관점에서 제한받는 '활동적 삶'은 그리

스의 정치적 삶보다는 동요한다unquiet는 의미의 그리스어 아스콜리
아askolia에 해당하고 아리스토텔레스에게는 사실 모든 활동에 해당한
다. 즉, 아리스토텔레스에게 비타 악티바는 정치적인 영역에만 국한
되는 것이 아니라 모든 삶의 영역에 해당된다(Arendt 1998, 15).

　　아렌트는 '정치적'을 '사회적'으로 옮긴 라틴어 번역의 가장 큰
문제는 토마스 아퀴나스가 가정 지배의 본질과 정치 지배의 본질을
비교하는 논의에서 드러난다고 주장한다. 가부장과 왕은 유사성이
있지만 일반적으로 가부장의 권력이 왕의 권력만큼 완전하지는 않
은데, 서양 고대국가에서의 전제권력은 가부장 권력보다 위대하지
도 완전하지도 못했다는 것이다. 그것은 도시 통치자의 권력이 가부
장들 권력의 결합이어서가 아니라 절대적이고 저항 불가능한 지배와
정치 영역이 상호 배타적이기 때문이다. 다시 말해 완전한 지배하에
서는 동요도 정치도 없다는 것이다. 따라서 아렌트에게 지배자와 가
부장은 사적 영역과 공적 영역을 대표하는 이원적인 것이 아니라 둘
다 신하와 노예에 해당하는 동의어가 된다(Arendt 1998, 28 재인용).[22]

　　그러나 아렌트는 공적인 영역이 사적인 영역과 완전히 분리되
지 않는다고 주장했다. 그는 공론 영역에서 공적인 빛을 견디지 못하
는 것이 자동적으로 사적인 것으로 분류되는 것은 사적인 관심이 부
적절하다는 뜻이 아니며, 매우 중요한 문제들이 오직 사적인 영역에
서만 살아남는다고 말함으로써 오히려 공적 영역의 사적 양상을 강

---

[22]　　"The terms dominus and paterfamilia therefore were synonymous, like the
terms servus and familiaris: Dominum patrem familiae appellaverunt; sevos …
familiaries." (Seneca *Epistulae* 47.12)

조했다. 버틀러는 아렌트의 행위 이론이 공적 영역에 한정되어 있어 인간의 생물학적 필요에 기초한 사적 영역의 몸의 문제를 놓치고 있다고 비판하지만, 사실 아렌트는 공적 영역이 자체가 가지는 이중성을 논의한 바 있다.

> 우리의 현실감은 현상이 있다는 사실에, 그리고 동시에 사물이 은폐된 존재의 어둠으로부터 벗어나 스스로를 드러낼 수 있는 공적 영역이 있다는 사실에 의존하기 때문에 사적이고 친밀한 삶을 비추는 미광도 결국 그 광력을 공적 영역의 보다 강도 높은 빛으로부터 획득한다. 하지만 공적인 무대에 있는, 타인의 항상적 현존에서 오는 강력한 빛을 견디지 못하는 것들도 많다. 공적 영역에서는 보고 듣기에 적정한 그리고 그럴 가치가 있다고 여겨지는 것만 공적인 빛을 견딜 수 있다. 따라서 그렇지 못한 것은 자동적으로 사적인 문제가 된다. 사적인 관심이 일반적으로 부적절하다는 뜻이 아니다. 반대로 우리는 매우 중요한 문제들이 오직 사적인 영역에서만 살아남을 수 있다는 것을 안다 (Arendt 1998, 51).

홍원표는 아렌트의 사적 영역과 공적 영역의 구분을 몇 가지로 대비시킨다. 크게 말해 우선 사적 영역은 '자유의 제약'이라는 의미를 담고 있는 반면, 공공 영역은 물질적 제약 즉 생계 문제를 해결한 이후에 참여하는 '자유'의 영역이다. 둘째, 가정이라는 자연 공동체는 자연 구성원 사이의 '불평등'을 전제로 하지만, 공공 영역에서는 모든 사람이 자유인이며 동시에 '평등'을 전제로 한다. 셋째, 가정은 한 핏줄로 구성되어 있어서 차이보다 '친밀성'을 기본으로 하지만, 공공 영역은 시민들의 '차이'를 전제로 한다(홍원표 2011, 107-108).

그러나 이런 사적 영역과 공적 영역의 구분은 사회 영역의 등장으로 모호해졌고 사회 영역은 이 두 영역의 특성을 공유하게 된다. 사회 영역의 이중적 특성은 특히 근대 이후, 생계를 가정이라는 울타리 밖에서 해결해야 했기 때문에 발생했다. 효율성의 권위가 작동되는 사회 영역은 생존 문제를 공동으로 해결한다는 점에서 그 세력권을 끊임없이 확장해 왔다. 아렌트의 관점에서 보면 플라톤에서 시작된 서구 정치철학의 전통은 공작인으로서 인간의 활동인 작업을 중심으로 세워져 있지만, 플라톤에서 시작된 전통이 정치의 문제를 행위가 아닌 작업의 관점에서 이해함으로써 정치에 관한 잘못된 관념을 유포했다(김비환 2003, 97). 즉 아렌트는 플라톤식 작업이 아닌 정치, 관조적 삶이 아닌 활동적 삶에 초점을 두고 정치적 비타 악티바의 양면성과 다원성을 논의한다고 볼 수 있다.

4. 프레카리티 정치와 타자 윤리의 만남

아렌트는 1940-1960년대에 공동 거주, 연합 정부, 평등, 보편성 등의 개념을 발전시켰고 유대 주권에 입각한 민족주의에는 반대했다. 홀로코스트 이후 유대 민족 국가 수립에 대한 필연성이 대두되었으나 그는 마르틴 부버Martin Buber, 한 콘Han Kohn, 유다 마그네스Judah

Magnes처럼 나치 종족학살의 가장 중요한 교훈은, 한 인종이나 종교에만 특정 선민의 우선권과 시민권을 부여하는 국가 폭력에 반대해야 한다는 것이라고 생각했다. 구금과 박탈에서 정의를 회복하려는 이들에게 정치적 목표는 문화적 배경이나 형성과 무관하게 '평등'을 확대하는 것이다. 우리는 그 누구라도 선민이 아니며, 모든 다른 이들의 동의 없이 지구에 등장했다는 조건만으로도, 역설적이게도 새로운 사회성과 정치성의 근본적 가능성을 생산한다. 유대인이면서 난민인 아렌트에게 윤리적 의무는 선민이 아닌 비선민의 것이며, 그 존재가 존재할 권리, 살기 좋은 삶을 살 권리를 가지고 있는 사람들 가운데서 혼합적 공동체를 만드는 것이다.

아렌트는 『예루살렘의 아이히만』에 와서 인간의 사유가 정치 행위에 미치는 영향, 즉 사유의 정치적 유용성에 천착했다. 나치 친위대 대령 아이히만과 같은 불행한 사태를 방지하려면 정치 행위와 사유 행위를 연계시켜야 하며, 그것은 플라톤의 정치철학 이래 분리되었던 정치와 철학을 다시 결합함으로써 가능하다고 주장했다(서유경 2009, 112). 아렌트가 『인간의 조건』에서 밝히듯 정치는 폭력보다 '설득'의 언어에 기반한다. 정치는 언어를 사용하는 동물이라는 인간의 본질적 속성에서 생겨났기 때문이다. 『혁명론』에서 아렌트는 폭력 자체가 가진 무언성speechlessness 때문에 폭력은 말을 통한 설명을 필요로 하고, 폭력 행위가 설득력을 갖는다는 것은 폭력의 정당화라는 정치 행위가 작동한 것이라고 주장한다. 그것은 어떤 전쟁이 정치적 자유를 목표로 전쟁의 정당화를 추구한다면 그 전쟁은 혁명이라는 주장이기도 하다(김선욱 2015, 203-204).

46

아렌트에게 철학과 정치가 분리되지 않듯, 버틀러에게도 윤리
학과 정치학은 별개의 것이 아니다. 버틀러는 윤리학과 정치학의 엄
격한 분리를 극복하려는 노력의 일환으로 윤리와 정치가 어떻게 겹
치는지를 보여 주려 한다. 일단 윤리는 기성 주체에 토대한 기질이
나 행동으로는 이해될 수 없으며, 그보다는 주체 외부에서 발원한 윤
리적 의무에 응답할 수 있는 관계적 실천으로 이해해야 한다. 그렇게
되면 윤리는 주체의 주권 개념 및 자기동일성의 존재론적 주장에 대
항하게 된다. 사실 윤리는 내가 다른 데서 받은 것이자, 자아에 대한
도전의 방식으로서 주권 주장 너머에서 나를 형성하는 행위를 하면
서 어떤 장소가 '나 아닌' 사람들을 위해 확립되도록 하는 행위를 의
미한다(Butler 2012, 9).[23]

한편 엘레나 로이지두Elena Loizidou는 버틀러 논의의 윤리적 양
가성을 지적하면서 주체가 자신의 존재화에 책임이 있고 주체가 그
존재화로 인해 상처 입고 해를 입는다면 이 주체가 자신의 행위에 어
떻게 책임을 질 수 있는지의 문제를 제기한다(Loizidou 2007, 78). 자신에
대해 책임을 진다는 것은, 자기 이해의 모든 한계를 인정하고 이런 한
계를 주체의 조건이자 인간 공동체의 곤경으로 설정한다는 것이다
(Butler 2005, 55). 반면, 어니타 브랜디Anita Brandy와 토니 쉬라토Tony Schirato
는 최근 버틀러의 관심이 이라크, 아프간과 같은 서구의 군사적 전복
과 재앙에만 있는 것이 아니라 더 폭넓은 공적 영역의 문제, 즉 이스

---

23   "Indeed, ethics comes to signify the act by which place is established those who are
      'not-me', comporting me beyond a sovereign claim in the direction of a challenge
      to selfhood that I receive from elsewhere."

라엘의 팔레스타인 점령이나 무슬림을 향한 담론적 폭력, 미국 및 서방군의 전쟁 포로 고문, 9·11 이후의 인종차별과 외국인 공포증 같은 구체적 현안으로 확대되었다고 본다. 그리고 버틀러가 이런저런 사건에 개입하면서 시도하는 것은 폭력의 희생자에 대한 공감이나 동정 조장이 아니라, 이런 폭력 행위가 발생하도록 만드는 조건들과 폭력 행위를 작동시키는 전제들에 대해 생각해 보고 곱씹어 보게 만들려는 것이라고 주장한다(Brandy·Schirato 2011, 135).

로이드는 때로는 버틀러의 윤리적 명령이 전-담론적이기에 정치성이 없으며, 확실한 맥락에서의 윤리적 조우가 정치적이라고 주장하는 것처럼 보인다고 지적한다. 버틀러의 살아 있는 윤리적 행위에 대한 관심과 인정을 지배하는 규범이 어떻게 사회 속에서 다르게 작동하는지에 대한 관심을 놓쳐서는 안 되겠지만, 버틀러의 윤리 이론이 어떤 검증되지 않은 '전-담론적 가정'에 의존하고 있다는 점은 설명되어야 한다고도 지적한다(Lloyd 2008, 103-104). 그것은 버틀러가 특정 인구가 비인간화되는 메커니즘을 잘 알지 못하거나 탈실재화 derealized하고 있다는 비판이 아니라, 오히려 윤리를 실천하려는 그의 희망이 '불안정화'된 상황에 기대는 것처럼 보인다는 비판일 것이다. 그렇게 불안정해진 상황은 탈아적 관계와 실존적 불안정함에서 등장한 윤리적 개방성을 이룰 추상적 잠재성에 기반하고 있기 때문에, 실제 윤리적 반응에 대한 가망이 배제된 것으로 보이는 조건에서 무엇이 윤리적 행동을 가능케 하고 조장할 것인지가 분명치 않다는 것이다. 다시 말해 버틀러의 윤리적 반응의 조건에 대한 이론화는 탈아적 관계성과 근원적 취약성을 추상적으로 강조하는 경향이 있어서, 생생한 삶의 프레카리티보다는 실존적 불안정함을 강조하고 있다는 비판의 목소리라 할 수 있다(Lloyd 2015, 185-186).

버틀러의 윤리와 정치의 접합은 '근원적 취약성'이라는 공통 기반에 근거한 프레카리티 정치가 타인의 고통에 반응할 윤리적 의무를 전제하기 때문에, 수용성과 감응성이라는 관점에서 원거리와 근거리의 경계를 허문다. 버틀러는 모든 국가적 노력이 그 외부를, 즉 국가 내부와 외부에 있는 타자성을 모두 다루어야 하며 지구적 공거global cohabition의 이름으로 국가 이후의 것을 연구해야 한다고 주장한다(Butler 2012, 111). 저항은 '다원적'이고 '체현된embodied' 것이어야 한다는 민주주의 원칙에 입각한 것이다(217). 2015년 저작『연대하는 신체들과 거리의 정치』에서 주장하는 새로운 정치 공동체의 가능성은 우리 모두가 몸을 가진 유한하고 나약한 존재라는 인식적 기반 속에서, 상호 의존하며 평등하게 공존하는 비선택적 공거와 프레카리티 정치윤리에 있다. 그것은 공적 영역 안에 몸과 생존에 필요한 노동이 들어오고, 원거리의 폭력이 근거리의 폭력으로 전환될 수 있는 근거이기도 하다.

다시 한번 두려운 폭력 앞에 윤리적 행위를 택할 수 있는가의 문제를 제기하는 「단일체」의 주인공으로 돌아와 생각해 보자. 개개인의 부흥과 번영에 몰두하는 근대 주체들은 원거리의 폭력뿐 아니라 근거리의 폭력에 대해서도 자신의 이해관계가 없는 한 무감하다. 몸의 필멸성과 상처에 기반해 타인의 폭력과 죽음에 반응하라는 윤리적 요구는 나의 주관적 감응과 타인과의 관계성에서 비롯된다. 원근의 가역성을 가능하게 하는 것, 바로 주인공 청년을 행동하게 만든 것은 자기혐오, 즉 수치심이었다. 이는 수치라는 감정의 정동이 어떻게 윤리적이고 정치적으로 올바른 행동의 촉발점이 되는지의 문제를 미래로 열어 둔다.

2장

비폭력 윤리와
평등주의 상상계

코로나19 팬데믹은 전 세계 삶의 양식을 바꾸었다. 대략 2020년 부터 한국에서는 실내 모임이나 각종 행사를 단계별로 규제하면서, 대중과 접촉해야 하는 불가피한 일상에 대해서는 사회적 거리 두기와 마스크 쓰기를 생활화하고 규범화했다. 미국 정부는 아시아계와 흑인에 대한 노골적 인종차별을 강화하고 유학생, 이민자, 난민을 포함한 소수자 차별을 구조적으로 단행했으며, 미국 노동자 20%가 일자리를 잃었고 실업률은 증가될 전망이다. 포스트 코로나 시대는 당시 77억 인구의 인류세Anthropocene를 마감하듯, 신자유주의 자본주의 경제 가속화에 차등적 위계주의와 강화된 개인주의를 더해 인간의 삶을 위협했다. 세계적 바이러스의 확산과 전염의 공포 속에 디지털 기술은 강화되고 인간 접촉은 약화되었다. 비대면 업무는 개인의 역능 평가와 디지털 감시를 통해 경쟁을 강화하고, 약화된 사회성은 개인을 고립시키고 인간 소외와 혐오 정서를 유발할 수 있다.

코로나19는 세계적 대유행병pandemic을 넘어 주기적으로 발병하는 풍토병endemic으로 바뀔 수 있으며, 바이러스의 유행 주기가 빨라질 경우 미래의 초불확실성도 예견되었다. 새로운 규범과 규약으로 뉴노멀에 이어 넥스트노멀이 도래할 수도 있었다. 안티 바이러스 의료 산업이 가장 주목받는 가운데 신체 접촉을 최소화하는 비대면 체제가 확산되었고, 4차 산업혁명과 AI 시대를 앞당기면서 온라인 교육, 쇼핑, 게임 산업이 확대되었다. 한편 코로나19는 사회적, 경제적 양극화를 심화시켜 안전한 전문직과 위험조차 잊힌 노동자 간의 '코로나 디바이드corona divide'[24] 및 디지털 기술 보유자와 비보유자 간의 '디지털 디바이드digital divide'라는 불평등도 낳았다. 또 비대면 비접촉 체계는 '코로나 블루covid blues'[25]라는 우울, 무기력, 불안, 스트레스 등의 심리적 문제, 즉 멘털데믹mentaldemic, mental epidemic도 가져왔다.

직업, 기술, 심리 면의 불평등 강화는 경쟁과 성과, 능률과 가성비 중심으로 승자와 패자, 즉 유능한 적응자와 무능한 부적응자를 생산한다. 발달된 기술이 공간의 한계를 넘어 소통을 높일 수도 있지만 코로나로 인한 여러 변화에 적응하지 못한 사람은 새로운 난민이 될 수 있다. 난민은 전쟁이나 천재지변으로 인한 이재민이나 정치적 망명 집단을 의미하지만, 지금 지구 곳곳에는 세계적 전염병으로 인한 변화에 적응하지 못하고 직업적 안정, 디지털 기술, 심리적 안정

[24] 미국 캘리포니아대학교 로버트 라이시(Robert Reich) 교수는 코로나19가 사회 계급 분화를 가속시키고 있다고 지적했다. 그는 원격 근무의 가능 여부, 감염병 위험의 노출 정도, 해고와 실직의 위험 수준 등에 따라 "4개의 사회 계급"(이준영 2020)으로 분화된다고 보았다. 제1계급은 원격 근무 가능자(The Remotes)로 전문직, 관리직, 기술직이고 제2계급은 필수 업무 종사자(The Essentials)로 경찰 소방관, 의료계 종사자, 배달 근로자이며, 제3계급은 임금을 받지 못하게 되는 사람(The Unpaid)으로 식당 서비스업, 여행업 종사자들, 제4계급은 잊힌 노동자(The Forgotten)로 불법 이민자, 재소자, 노숙인 등이다.

[25] '코로나 블루'는 '코로나19'와 '우울(blues)'이 합쳐져 만들어진 신조어로, 코로나19로 인한 자가 격리나 사회적 거리 두기 등으로 일상생활에 예기치 못한 큰 변화가 닥치면서 생긴 우울감이나 무기력증, 불안증과 심리적 압박과 긴장감 등을 뜻한다. 코로나 블루의 확대는 사회적 거리 두기의 장기화, 코로나 종식의 미래에 대한 불확실성 때문에 답답함과 우울함을 느끼는 사회 경제 분위기, 코로나 이후 부정적 경제 전망에 따른 상실감과 미래 비관 등이 확산된 결과로 보인다. 코로나19로 인해 경제적 불안, 고립, 실업 등 부정적 긴장 요소가 늘고, 이를 상쇄할 교류, 교육, 운동, 고용 가능성 등 긍정적 완화 요소가 일상에서 사라진 탓으로 분석된다.

면에서 위협받는 사람들이 많고 이들은 '코로나 난민'이라고도 할 수 있다. 이 장은 코로나 상황으로 가중된 사회적 삶의 위기와 심화된 불평등에 대해 고민해 보고 버틀러의 2020년 저작 『비폭력의 힘』에 제시된, 상호 의존성interdependency에 입각한 '평등주의 상상계egalitarian imaginary'에서 대안적 공동체를 모색하고자 한다.

1. 우리의 윤리적 자원, 몸의 취약성과 감정의 관계성

버틀러는 섹스, 젠더, 섹슈얼리티의 문제를 중심으로 페미니즘 내부의 가부장적 이성애 중심주의를 비판한 대표작 『젠더 트러블』의 젠더 수행성gender performativity 이론으로 주목받은 바 있으며, 2001년 9·11사건을 계기로 이후 현실의 사회적 소수자나 동성애자의 삶의 가능성과 인정 가능성으로 주제를 확대했다. 2004년에는 『위태로운 삶』과 『젠더 허물기』두 권의 저서를 출간하면서 "나의 외부에 의존하는 '구성적 타율'과 '관계적 감성'"(조현준 2022, 284)을 기반으로 관심 주제를 나에서 우리로, 젠더에서 인간으로 넓힌 것으로 보인다. '나'는 타인에 의해 구성되고 타인과의 관계로 좌우된다는 점에서 '우리' 인간의 문제를 논의하고, 인간을 인간으로 규정하는 규범과 권력에 주목했다. 삶을 삶으로, 죽음을 죽음으로 인정하는 것은 무엇인지에 대한 사유를 통해 '인간을 인간으로 규정하는 기준'에 내재된 불평등을 지적하고자 했다. 살기 좋은 삶과 애도 가능한 죽음에 대해 차등적 인식과 인정을 부여하는 체계에 주목한 것이다. 인간은 자족적이고 자

율적인 이성의 주체이기보다는 의존적이고 타율적인 감정의 주체로
상호 관계성과 사회성으로부터 끊임없이 영향을 받는다.

  이후에도 버틀러는 『윤리적 폭력 비판Giving an Account of Oneself』
(2005), 『전쟁의 프레임들』, 『주디스 버틀러, 지상에서 함께 산다는 것
Parting Ways』(2012), 『연대하는 신체들과 거리의 정치』에서 타자 앞 주체
의 근원적 취약성과 너와 나의 상호 의존성을 바탕으로 집단 윤리의
폭력에 저항할 방법을 모색했고 쿠바 관타나모 수용소의 불법 구금
자, 전쟁 난민, 시민권을 박탈당한 불법 체류자, 고국에서 쫓겨난 팔
레스타인 난민의 인권에 주목했다. 이 외에도 중동과 북아프리카 민
주화를 위한 아랍의 봄Arab Spring 시위, 경제 평등을 촉구하는 월가 시
위Occupy Wall Street로부터 흑인 인종차별 반대 시위Black Lives Matter에 이
르기까지 현실의 사회적 약자에 대해 꾸준히 관심을 기울여 왔다.

  한국의 문제에 대해서도 2008년과 2020년, 특정 주제나 사건
에 대해 언급한 바 있다. 2008년 김혜숙과의 중앙일보 인터뷰에서 한
국의 '된장녀' 욕망은 특권과 부를 상징하는 명품에 대한 욕망이고,
명품을 사면서 특권적 지위를 가진다고 상상하는 것보다는 상품 속
에서 은밀하게 작동하는 권력을 자각하는 것이 더 중요하다고 지적
했다. 또 2020년 필자와의 대산문화 인터뷰에서는 서울 명문 여자대
학의 트랜스젠더 합격생이 6개 여대의 23개 단체와 급진 페미니스트,
TERF의 반대로 입학을 포기한 사건에 대해 언급했는데, 트랜스젠더
이기 때문에 성폭력의 위험이 있다는 생각은 트랜스젠더의 삶의 가
능성에 대한 "제도적, 사회적, 구조적, 상징적 폭력"(버틀러·조현준 2021,
271)이 될 수 있다고 우려를 표명했다.

　　또한 코로나로 인해 변화될 교육, 일상, 개인과 공동체의 소통에 대해서도 언급했다. 대학 교육에서 원격 강의 규약을 '정상화'하지 않는 일이 중요하며, 정보 전달 중심의 원격 강의가 세미나와 강의를 대체하지 않도록 교실 안팎에서 소통하고 모임을 가지며 고등교육을 위해 싸워야 한다고 말했다. 버틀러는 이 시기가 온라인 연결을 확대할 수도 있지만 사회적, 경제적 불평등을 강화할 수도 있으므로 코로나가 초래할 국가의 감시, 트랜스 건강권, 출산의 자유, 가정 내 젠더 불평등과 가정 폭력, 주택 공급, 건강보험의 문제에 대해 연대하여 투쟁할 "새로운 연합체"(버틀러·조현준 2021, 274)를 만들자고 주장했다.

　　새로운 연합체를 만들기 위해서는 연대의 기반이 될 공통성이나 공동의 토대가 필요하다. 하지만 현실의 개개인은 세부적이고 세밀한 차이 속에 놓여 있고, 위계와 차별은 강화되고 있다. 새로운 연합체가 있다고 해도, 그것이 개별성을 무시한 채 통일된 일체성만 주장한다면 내부의 차이가 억압될 수도 있다. 차이를 인정하면서도 서로 연대할 공통 기반은 어디에서 찾아야 할까? 젠더, 인종, 민족, 계급, 성 경향, 경제적 지위, 소득 수준, 정치 성향, 취미 활동 등 공동체 내부의 여러 차이들을 억압하지 않으면서 이질성을 띤 사람들과 그들이 가진 차이들이 서로 연대할 열린 공동체는 어디에서 시작될 수 있을까?

　　『위태로운 삶』과 『젠더 허물기』에서 버틀러는 우리가 폭력에 노출되어 있을 뿐 아니라 공모하고 있으며, 상실에 대한 취약성과 그에 따른 애도의 과제를 가지고 있으므로 이런 조건 속에서 공동체를 세울 기반과 관련된 '삶의 정치적 차원'을 고려하자고 말한다. 이런 공동체는 인간이 몸의 존재라는 데서 오는 취약성vulnerability과, 감정의 존재라는 데서 오는 관계성 및 상호 의존성으로 모아진다. 버틀러는 몸이 "가멸성, 취약성, 매개성"(Butler 2004a, 21; 2004b, 26)을 가지고 있어 타인의 시선, 접촉, 폭력에 노출되어 상처 입거나 죽을 수 있고, 행위 주체이지만 매개이자 도구도 되고, 행하기와 당하기가 모호해지는 장소일 수 있다고 주장한다. 몸은 공적 영역의 사회적 현상으로도 구성되므로 내 몸은 내 것이기도 내 것이 아니기도 하다. 나의 젠더도 "규제의 장 안에서 일어나는 즉흥적 행위"(Butler 2004a, 1)라서 사적 영역과 공적 영역이 혼합되어 나타나고, 무엇보다 사회적 장, 실제적이고 상상적인 타인과의 사회적 관계에 열려 있어 취약하다.

버틀러는 우리가 취약하고 관계적이어서 "서로에 의해 허물어지고", 사랑의 욕망과 상실의 슬픔 때문에 "늘 온전한 상태를 유지할 수가 없다"(Butler 2004a, 19; 2004b, 23)고 주장한다. 우리는 사랑하는 사람에 대한 정념 때문에 엑스터시에 빠진다. 이때 엑스터시는 행복감을 의미하며 이 행복감은 그 감정의 주체가 아닌 타인과의 관계에서 비롯된다는 의미에서 '탈존적 혹은 탈아ec-static'이다. 그래서 미치도록 황홀하며, 슬픔이나 분노로 '이성을 잃고 흥분beside oneself' 한다. 특히 애도의 슬픔은 인간의 자율성과 자족성에 반하는 타율성과 관계성을 보여 주는 인간 공통의 근거이다. 안티고네가 죽은 오빠의 매장권을 인간 보편권으로 주장하듯, 사랑하는 사람의 죽음을 애도하고 공적으로 슬퍼할 권리는 인간을 인간으로 인정하거나 부인하는 인간화/탈인간화 담론을 통해 작동한다. 크레온은 안티고네에게 폴리네이케스에 대한 공적 애도 행위가 없을 것이라고 말했고, 거기에 담론이 있다면 그것은 어떤 삶도 상실도 없는 "침묵과 우울의 담론"(Butler 2004b, 36), 어쩌면 '탈인간화의 담론'일 것이다. 공적인 애도가 없다는 것은 공통된 몸의 조건도, 우리의 공통성을 이해할 기반인 몸의 취약성도 인정되지 않아서 아무 사건도 또 아무 죽음도 없는 것과도 같다.

정신과 이성의 인간은 숭고한 이상과 관념에 정초한 부동의 지표 같지만, 몸과 감정의 인간은 현실의 생존과 고통에 좌우되고 타인에게 흔들리는 부표 같다. 정신과 이성을 강조하는 주체는 불굴의 의지와 객관적 합리성을 추구하고 이런 능력은 타고난 지성과 교육 정도에 따라 차등적으로 할당된다. 하지만 몸과 감정의 주체는 먹고 마시고 배설하고 잠을 자야 살 수 있는 몸의 유한성과 취약성, 또 서로 사랑하고 미워하며 슬퍼하고 분노하는 감정의 관계성에 매여 있어서 어느 정도는 평등하다. 인간은 너 나 할 것 없이 나약하고 유약하기에 서로 의존할 수밖에 없다. 이 취약성과 관계성은 처음부터 모르는 타자에 내맡겨져 타인에게 제 생명을 걸고 의존하는 인간 공동의 윤리적 자원이 될 수 있다.

> 나는 폭력, 취약성, 애도를 거론하고 있지만, 여기서 다루려는 더 보편적인 인간의 개념이 있다. 그 인간 개념에서 우리는 처음부터 타인에게 맡겨진 존재이며, 심지어 개체화되기 전부터 몸의 요구 때문에 일단의 일차적 타인에게 맡겨진 존재다. 이는 타인을 알 수도 판단할 수도 없을 만큼 어릴 때부터 우리가 타인에게 취약하고 그러므로 폭력에도 취약하다는 의미지만, 또 다른 접촉 범위에도 취약하다. 그 범위 한쪽 끝에는 존재의 제

거가, 다른 쪽 끝에는 생명을 유지할 물리적 지원이 있다(Butler 2004b, 31).

몸의 존재이기 때문에 타인에게, 폭력에 대해, 생명의 접촉에 대해 인간은 취약하다. 버틀러는『젠더 허물기』이후 수행성 이론에 현상학적 양상을 더해 규범적 실천이야말로 인간이자 권리 주체로서의 개인을 공공장소에 나타날 수 있게 만든다는 점을 강조했다. 미리 로즈마린Miri Rozmarin은 버틀러가 인간의 규범적 생산을 설명하기 위해 "취약성을 개념 틀로 도입해 수행성 이론을 확대"했으며,『위태로운 삶』에서는 취약성의 일차적 근원을 주체의 사회적 관계성과 몸의 관계성이라 보고 "취약성이 삶에 내재한 조건이라고 상정"(Rozmarin 2020, 603)한다고 설명한다. 수행성은 집단의 공적 영역으로 확대되어 인간이 규범적으로 생산되는 방식을 설명하고, 취약성은 주체가 사회성과 몸으로 다른 주체와 연대할 관계적 기반이 된다.

수행성에 더해진 취약성은 윤리와 정치를 새롭게 접합할 기반이 된다. 과거에 버틀러는 윤리학에는 정치학이 없거나 윤리학이 정치학을 거부한다고 여겨 윤리학에 반대했지만, 이제는 권력 상황 가운데 등장하는 윤리적 딜레마가 있어서 정치와 윤리는 근본적으로 분리되지 않는다고 본다. 윤리적인 것과 정치적인 것의 완전한 구분을 거부하며, 폭력과 비폭력에 대해 생각할 때에도 정치학의 한가운데 등장하는 윤리적 문제가 있다고 말한다. 그것은 복수하지 않으면서 폭력에 응대하는 방식이 있을 것인지의 문제와 관련된다. 상해를 주지 않으면서 상해에 응대할 수 있는지가 윤리의 문제이며, 이 문제는 정치적 열정 한가운데 휩싸인 주체에게 나타난다고 본다. 내 권리를 침해당한 데 대해 폭력적으로 응대하는 게 아니라 멈추어 생각하는 것이 '윤리적 선회turn to ethics'이다. 그것은 일반적 의미의 윤리학을 옹호하거나 자율적 영역으로서의 윤리학을 정당화하는 것이 아니다. 버틀러의 주요 관심은 정치 안의 윤리의 발생 및 정치와 윤리의 겹쳐짐과 결속에 있다.

윤리와 정치의 접합 기반인 취약성은 프레카리티, 즉 불안정성과도 연결된다. 불안정성은 취약성과 관련된 양상이자 "더 구체적으로 정치적인 개념"(Butler 2009, 3)이며 특정한 삶이 더 안전하지 못하거나 불평등하거나 궁핍해지는 차등적 조건을 지칭한다. 불안정성의 차등적 할당은 사회적으로 노출된 몸의 존재론과 진보적 좌파 정치를 재사유할 출발점이기도 하다. 상대적으로 불안정함은 모든 인간의 일반화된 조건이자 취약성의 존재론적 설명이고, 보다 추상적이고 실존적인 개념이라 할 수 있다면, 불안정화는 "특정 인구가 불안정함에 익숙해지는 과정"(Butler·Athanasiou 2013, 43)으로 설명된다.

몸의 인간은 취약하고 불안정해서 차등적 박탈과 폭력에 노출된 정치적 행위 주체성agency이 된다. 하지만 동시에 하나로 연대해 그 박탈과 폭력에 대응할 윤리적 반응의 근거이기도 하다. 다시 말해 취약성과 불안정성은 차등적이고 위계적인 불평등이 구체화되는 특수 사례이지만, 다른 한편 기본적으로 몸의 인간이 갖는 보편 상황이기도 하다. 이제 취약성은 보편과 특수의 양상을 둘 다 가진 것이라서 저항해야 할 구체적, 역사적 불평등 실례이면서, 인간이 피할 수 없는 보편적이고 실존적 조건이다. 그리고 그것은 불평등의 폭력에 저항하면서 폭력에 폭력으로 응대하지 않을 비폭력의 가능성이기도 하다. 거리의 집회와 시위에서는 몸으로 체현된 정치 활동이 일어나는데, 이는 취약하고 불안정한 모든 인간의, 유한성이라는 존재론적 기반 위에서 폭력에 비폭력으로 대응하는 정치윤리적 반응의 근거가 될 수 있다.

그런 의미에서 몸의 취약성은 이중적이다. 몸이 자율성에 반하는 타율성과 관계성의 패러독스를 취약성으로 안고 있다면, 나를 넘어 "탈아적ecstatic 관계성을 가능하게 만드는 것, 그에 따라 윤리학과 정치학을 가능하게 만드는 것도 몸의 취약성이다"(Lloyd 2015, 171). 따라서 취약성은 관계성 속에 상처나 상해에 대한 예민함, 가멸성이라는 존재론적 사실, 고통과 가해에 취약하다는 것을 의미하기도 하지만, 다른 한편 탈아적인 황홀한 주체성으로 사랑과 욕망, 돌봄, 희망과 삶을 가능케 하는 조건이기도 하다. 관계성 때문에 몸은 언제나 다른 사람들과의 공동체 속에 있고, 그런 관계성이 주체 형성의 실제 역사적 사실이다. 그리고 가장 중요하게는 그 관계성이 지금 발생중인 우리의 사회정치적 삶의 규범적 차원이자, 우리의 상호 의존성을 고려하는 차원이다. 이 관계성에서 새로운 규범의 세계, 즉 "정치 영역 안에 새로운 규범적 열망"(Butler 2004b, 26)을 열고 주장하고 보호할 "다른 규범의 열망"이나 "다른 정치 개념"(Butler 2004a, 21)을 찾을 수 있다.

앞 장에서도 언급했듯, 버틀러는 저항과 관련해서 취약성에 두 가지 의미가 있다고 설명한다. 한편으로 심리적이고 정치적인 차원에서 개인의 주권을 강화하여 취약성에 저항할 수 있고, 다른 한편 취약성의 의미 자체가 변해서 취약성을 정치적 저항 실천의 일부로 이해할 수도 있다는 설명이다. 그 정치적 저항이 취약성의 동원에 달려 있는 정치 집회에서, 취약성은 위험에 노출되는 동시에 행위 주체가 되는 방식일 수도 있다. 따라서 버틀러의 저항도 두 가지 의미로 쓰일 수 있는데 우선은 취약성에 대한 저항이 있고, 두 번째는 "취약성으로 알려진 사회정치적 형태로서의"(Butler 2016, 25) 저항도 있다. 다시 말해 주권적 지배 모델에 따라 취약성에 저항하는 방식과, 저항의 힘을 행사하는 동력 부분으로 취약성을 활용해 부당하고 폭력적인 체제에 저항하는 방식이 있는 것이다. 이제 취약성은 저항할 대상이기도 하고, 저항의 동력이기도 하다.

취약성은 완전히 수동적인 것도 완전히 능동적인 것도 아니며, 중간 영역, 즉 영향을 받으면서 행동도 하는 인간 동물의 구성적 특징 속에 있다. 집회의 수행성에는 이중적 차원이 있어서 우리는 어떤 행위를 하기도 하지만 행위를 당하기도 한다. 그래서 수행성은 자유롭고 개별적인 수행이 될 수 없다. 비폭력 시위를 위해 모인 사람들은 경찰이나 군대의 폭력 앞에 일부러 몸을 노출시키고 그 속에서 몸은 위험해지고 구타당할 수도 있지만, 한편 인간 차단막이나 방어벽이 되어 폭력을 저지할 수도 있다. 이런 비폭력 저항의 실천에서 몸의 취약성은 실제로 저항의 목적으로 사람들이 모이고 움직이는 중요한 요건이 된다. 이것이 바로 공공장소에 나타날 권리와 평등을 주장하고, 폭력 경찰 및 보안 조치, 군사 조치에 반대하면서 존재를 주장하고자 취약성을 동원하는 비폭력 저항의 형태이다. 공공장소에서 취약성은 변화의 힘이 될 수도 있다.

취약성과 불안정성은 버틀러가 주장하는 윤리-정치의 결속an ethico-political bind, 즉 정치와 윤리가 서로 비늘처럼 겹쳐지면서 정치와 만나는 윤리의 몫이나 윤리적 문제를 형성하는 정치적 양상에서 중심이 된다. 취약성에 특수한 정치적 측면과 보편 윤리적 측면이 있듯, 개별적 불안정성도 보편적 불안정함과 관련된다. 프레카리티, 즉 불안정성은 폭력, 죽음, 기아, 투옥, 박탈의 위험에 놓인 몸과 관련해 역사적으로 예시된 취약성의 형태라 할 수 있지만, 인간 공통의 조건인 불안정함과도 연결되어 있어서 개별적 박탈의 사례는 보편적 박탈의 조건과 만나 비폭력 저항의 정치윤리로 수렴될 수 있다.

2. 비폭력의 힘, 평등을 향한 능동적 역량

2020년에 출간된 『비폭력의 힘』에서 버틀러는 평화 시위, 집회, 거리와 네트워크의 연대를 통해 비폭력의 방식으로 폭력에 저항하면서 현실 정치에 토대한 새로운 윤리학을 정립하고자 했다. 버틀러는 인구통계의 관점에서 세계적인 삶의 불안정과 폭력의 위기, 갈등과 전쟁의 위태로움 앞에 삶과 죽음의 차등적 인정, 즉 '살 만한 삶'과 '애도할 만한 죽음'이 차별적으로 할당되는 인구의 불안정을 고려해 현실의 비폭력 저항을 추구한다. 부당한 국가 폭력에 저항하되 공공장소에 '우리 사람들we the people'의 몸이 모여 평화 시위를 하고 집회의 수행성을 통해 사회 변화를 이룰 수 있다고 본다. 집회는 오직 비폭력 원칙에 동의할 때에만 성공할 수 있으며, 비폭력 행동은 "몸과 집단의 형식이라는 교화된 제약의 형식이 있는 적극적 투쟁"(Butler 2015, 187)이다. 폭력에 폭력으로 저항하는 것은 폭력의 악순환을 가져오지만, 비폭력 저항은 폭력의 부당함에 적극적으로 저항하면서도 갈등과 적대에 놓인 몸의 자아를 억제하여 폭력의 고리를 끊어 낼 수 있다.

법은 도덕도, 윤리도 아니다. 파업, 단식투쟁, 휴업, 불매운동, 문화적 거부 운동 등 기존 법에 저항하면서 폭력 가능성이 있는 공공장소의 집회에서 사람들이 모여 몸의 접촉을 하고도 서로 상해 입히지 않는 방식이 우리가 추구할 비폭력 투쟁의 방식이다. 버틀러는 헨리 데이비드 소로Henry David Thoreau의 비폭력 시민 불복종을 경유한 마하트마 간디Mahatma Gandhi의 "도덕 없는 법령 실행에 대한 시민의 위반"을 시민 저항의 정당성의 근거로 본다. 법에 도덕이 없거나 법령이 도덕적으로 틀리다면 시민 행동의 합법적 대상이 되며, 부도덕한 공공 법에 "불복하는 것이 시민의 권리"(Butler 2015, 189)이다. 그러나 공공장소에서 시민들의 몸을 동원하는 비폭력 저항은 언제나 폭력의 위협과 더불어 작동하기 때문에 폭력 앞에 견디고, 절제하며, 신중히 처신하는 자기 절제와 성찰의 자세를 요한다.

『비폭력의 힘』은 비폭력 윤리가 사회 평등을 위한 폭넓은 정치 투쟁으로 어떻게 연결되어야 하는지를 보여 준다. 비폭력은 행위 실패가 아니라 '삶의 주장'이며, 인간의 근본적 공격성을 부인하는 것이 아니라 그것을 자기 공격성으로 전환하거나 인간 심리 기반에 있는 애증의 양가성으로 발산하는 '적극적 힘'이다. 때로 개인의 영혼의 평화를 위한 수동적 실천, 기존 권력과의 개별적 윤리 관계로 오해받지만, 사실 비폭력은 공동체의 정치적 영역 한가운데서 발견되는 윤리적 위치이자 평등한 대안적 세계를 향할 힘이다. 또한 보수적 인본주의로 선회하지 않고, 윤리적 입장을 유지하면서도 지속적이고 일관된 현실의 정치적 대치를 포기하지 않으려는 버틀러식 '윤리적 선회'의 기반이기도 하다. 비폭력 저항은 무기력과 포기가 아니라 분노와 분개로부터 발생하는 능동적 힘이며, 현실의 인종차별, 외국인 공포, 동성애 공포, 여성 혐오 등에 저항할 자원이다.

비폭력의 정치적 힘은 체계의 폭력이 자기 본질을 감추려는 책략을 드러내고 그것에 저항하는 데 있다. 취약한 인간의 삶이 모두 똑같이 가치 있고 가치 있어야 한다고 주장하는 열린 연대를 키워서 기존의 특권과 보호의 위계를 파괴하려는 것이다. 따라서 비폭력은 수동적 침묵이 아니라 저항과 변혁을 이룰 능동적 힘이다. 비폭력과 취약성을 수동성과 등치하는 것은 기존 이분법을 강화하는 방식일 뿐, 비폭력은 폭력에 저항하고 평등을 지향하는 연대의 적극적 행동임을 인지하는 것이 무엇보다 중요하다. 취약성을 기반으로 하는 비폭력의 힘은 폭력 행사나 폭력을 사용할 의지가 아니라, 약자들을 대변해 약자의 삶의 가능성, 애도 가능성, 정의의 가능성을 높일 사회정치적 힘이 되어야 한다.

> 이런 '약함'으로 추정되는 것에서 나타나는 비폭력에 어떤 힘이 있다면 그것은 약자들의 힘과 관련될 것이다. 그 힘은 개념상 효력을 잃은 사람들이 존재를 확립하고, 없어도 그만이라 간주됐던 사람들이 애도 가능성과 가치를 얻어 내고, 폭력을 명명하

거나 잘못 명명하는 혼란스럽고 때로 매우 전술적인 용어를 제공하는 현대의 매체와 공공 정책에서 판단과 정의의 가능성을 주장할 사회적이고 정치적인 힘을 포함한다(23)[26].

2010년대 초반 북아프리카 여러 나라에서 지도자들의 독재와 장기 집권에 맞선 민주화 혁명은, 비폭력 저항에서 비롯된 사회적이고 정치적 힘을 보여 주었다. 튀니지의 재스민 혁명Jasmine Revolution은 이웃한 리비아와 이집트로 확산되었고 타흐리르Tahrir 광장의 반독재 시위는 무바라크 대통령의 30년 장기 독재를 종식시켜 시민 집단이 연 공공 집회의 역량을 보여 주었다. 이 외에도 서브프라임 모기지 사태와 금융 위기 이후 미국의 경제 불평등을 비판한 미국 뉴욕 월가의 시위, 프랑스 정부가 공립학교에서 이슬람 여성의 히잡 착용을 금지한 데 저항하는 히잡 쓴 유색인 여성의 시위, 스페인 마드리드의 푸에르타 델솔 광장에서 분노한 청년들이 청년 실업 문제에 항의했던 로스 인디그나도스Los Indignados 시위, 칠레와 몬트리올 및 유럽의 공교육 운동, 아르헨티나 무단 거주자 시위, 브라질 빈민가 파벨라 시위, 흑인의 평등한 인권을 위한 미국과 세계의 운동, 남미의 여성 혐오와 각국의 트랜스젠더 혐오 살해 반대 시위에서 이런 비폭력 저항의 힘이 현실로 구현되었다.

버틀러의 『비폭력의 힘』은 젠더와 인간의 사회적 의미에 이어, 폭력의 정치적 의미론에 대한 비판적 성찰과 비폭력의 전복적 재의

26 　이 장에서는 『비폭력의 힘』의 출처 표기에 한해 면수만 기재한다.

미화의 가능성을 추구한다. 정치 안의 윤리적 가능성을 추구하면서
그 윤리가 보존할 사회적 공동체와 서로 연결된 생명의 유대에 주목
한다. 인간에게 근본적 폭력성이 있고 모든 전쟁의 역사가 폭력이라
면, 폭력은 사라지기를 바랄 수 있거나 주관적 견해에 달린 문제가 아
니다. 폭력의 의미는 늘 정당성과 적법성을 축으로 하는 프레임의 동
요 앞에 놓여 있다. 요점은 일반적 상대주의를 받아들이는 것이 아니
라 어떤 것이 폭력이고 어떤 것은 폭력이 아니라고 "명명하는 행위가
일어나는 프레임의 동요를 추적하고 드러내는"(139) 것이다. 서로 충
돌하는 정치 프레임 내부에서 폭력 개념이 어떻게 동요하는지를 설
명하고, 또한 새로운 프레임을 구축하기 위해서다. 어떤 행위가 진짜
폭력인지 아닌지가 아니라 그 구분을 만드는 과정에 작동하는 정치
적 해석의 명명 프레임을 밝히는 게 핵심인 만큼, 비폭력에도 폭력만
큼이나 많은 이론화와 '의미론 투쟁'이 필요하다(Çubukça 2021, 97).

　　　비폭력을 옹호하려면 무엇이 폭력이고 무엇은 폭력이 아닌지
폭력의 의미에 대한 사회적 합의가 필요하다. 우선 폭력에는 구조적
폭력과 물리적 폭력이 있다. 사회나 문화가 용인하는 구조적 폭력이
나 체제의 폭력은 사실상 보이지 않고, 물리적 폭력 또한 정당한 폭력
과 부당한 폭력으로 의미가 나뉘어 한쪽이 옹호되는 반면 다른 한쪽
은 비판된다. 예를 들면, 인종차별이나 여성 차별, 혹은 소수자 차별
이 용인되는 사회에서 유색인종이나 여성 혹은 소수자에 대한 폭력은
오랫동안 구조와 체제 속에서 행해져 왔기 때문에 폭력으로 인식조
차 되지 않는다. 또한 특정한 물리적 폭력이 일어나도 그 폭력을 정당
한 것으로 옹호하도록 규정하면 그것은 폭력으로 인정되지 않는다.

무엇이 폭력인가를 명명하는 출발점에 이미 정치적 해석이 들어 있
는 것이다. 그에 따라 어떤 살상은 정당화되고 미화되는데 어떤 살상
은 비난받고 형을 선고받는다. 예컨대 국가에 의지하는 폭력, 국가가
승인한 폭력은 정당한 폭력이 되지만 나머지는 부당한 폭력이 된다.

2020년 미국 경찰의 인종차별적 과잉 진압으로 인한 흑인 사
망 사건인 조지 플로이드 사건이 발생했을 때, '흑인의 생명도 소중하
다Black Lives Matter'라는 슬로건을 건 전 세계적인 집단 시위가 있었고
이에 맞서 '모든 생명은 소중하다All Lives Matter'는 슬로건이 나타났다.
기존의 흑인폭력들을 가시화하고 표면화하는 대표적 흑인차별 폭력
사건, 그것에 반대하는 저항운동, 그 저항을 비판하는 보수적 대응이
발생했는데, 무엇을 폭력으로 볼 것인지, 또 무엇을 정당한 폭력으로
볼 것인지에 따라 폭력의 기본 의미 자체가 완전히 달라진다. 예컨대
모든 생명이 소중하다는 형식적 평등주의는 인종차별 반대 시위를
저지하는 구호로 악용될 수가 있다. 가임기 여성의 임신 중단권pro-
choice에 대응하는 태아의 생명 유지권pro-life 논쟁도 유사한 맥락에 있
다. 얼핏 선택보다는 생명이 중요한 것 같지만, 그 말은 차별적이고
불평등한 생명권의 분배를 감춘다. 탄생 전 태아의 생명이 가임기 여
성의 생명보다 중요하다는 차별적 생명 구도가 그 뒤에 숨어 있기 때
문이다.

따라서 우리는 무엇이 폭력이고 무엇이 폭력에 대한 저항인지
를 의미화하는 과정을 면밀히 따져 보아야 한다. 폭력에 대한 저항이
사실상 맞폭력이나 또 다른 폭력으로 의미화되어 더 큰 반대를 불러
올 수도 있고, 애초의 폭력 자체를 부정할 수도 있기 때문이다. 이런

프레임 속에서는 살인도 정당방위로 옹호될 수 있고, 비폭력 저항도 폭력적 실천으로 비난될 수 있다. 이런 옹호와 비난을 가능하게 하는 것이 '폭력의 의미론'이며, 그 의미론을 좌우하는 것은 국가권력과 제도 언론이다. 폭력과 비폭력은 언제나 해석을 통해서 구분되므로 누가 어떤 맥락에서 그것을 의미론적으로 구분하고, 없애야 할 불의와 지켜야 할 정의로 규정하는지 살펴야 한다.

1) 비폭력의 의미론과 평등

『비폭력의 힘』은 이런 폭력의 의미론을 둘러싼 정치적 상황과 권력 담론에 문제를 제기한다. 폭력과 비폭력의 구분을 뒤집고 그 구분을 허위로 만드는 폭력의 전술적 배치와, 폭력으로 명명되지도 않고 이해되지도 못하는 구조적 폭력과 체계의 폭력에 대해서 다시 생각해야 한다는 것이다. 버틀러는 폭력의 정의 자체가 정치적 이해관계에 따라 도구적으로 규정되거나 그 자체가 국가 폭력이 될 때, 폭력의 정의를 찾고 확정하는 것 자체가 어렵다는 점을 받아들여야 한다고 주장한다. 폭력과 비폭력은 '이미 해석된 상태'로 도덕 논쟁과 정치 분석의 장에 들어온다.

이런 폭력은 언제나 일련의 문제에 놓인다. 우선 폭력과 비폭력은 의미론적 구분 자체가 이미 정치적이고 전략적인 상황을 서술하고 있으므로 '폭력은 언제나 해석된 상태'(14)임을 알려 준다. 폭력은 서로 이질적이고 충돌하는 여러 틀에서 조명되므로, 폭력에 대한 안정된 정의 자체가 갈등하는 정치 프레임 안의 동요를 고려한 개념화에 달려 있다. 두 번째로 비폭력의 실천은 개인주의를 비판하고, 우리를 살아 있는 생명체로 구성하는 '사회적 유대 관계'에 대해 다시 생각하게 만든다. 모든 생명의 동등한 삶의 가능성과 죽음의 애도 가능성이라는 평등한 조건을 추구하기 위해서다. 세 번째로 발터 베냐민의 「폭력 비판을 위하여」(1920)를 경유해 폭력이 정당화되는 방식을 지배해 온 도구주의 논리를 비판적으로 사유하고자 한다. 폭력이 정당화될 수 있거나 없다는 틀에서만 생각되는 것이라면, 그 틀이 미리 폭력 현상을 결정한 것은 아닌가? 그렇다면 폭력과 비폭력 모두 도구주의적 틀 너머에서 사유될 수 있는지, 또 그런 틀 너머의 열림 openness에서 어떤 윤리적, 정치적 비판 사유의 새로운 가능성이 있는지를 질문할 수 있어야 한다.

　　이를 위해 버틀러는 비폭력의 주요 전제에 도전한다. 우선 비폭력은 개인이 택하는 도덕적 위치라기보다는 협력 속에 행해지는 사회정치적 실천이라고 본다. 파괴의 구조적 폭력에 저항하고, 경제적, 사회적, 정치적 자유와 평등의 이상을 구현하며 지구적 상호 의존성을 기리는 세계 건설에 이바지하려는 것이다. 두 번째로 비폭력은 평화롭고 고요한 영혼의 영역에서 오는 것이 아니라 오히려 많은 경우 분노, 분개, 공격성의 표현이다. 공격적 비폭력은 모순적인 말이 아니다. 마하트마 간디가 비폭력 실천 및 정치에 붙인 이름, 사티아그라하satyagraha, soul force는 몸으로 체현된 형태로 나타나며, 공권력 앞에 몸을 노출하고 폭력의 장에 들어가서 정치적 행위 주체성을 행사하는 것을 의미한다. 세 번째로 비폭력은 실천 속에 늘 완전하게 지켜질 수는 없는 어떤 이상이다. 외부의 힘에 비폭력 저항을 하는 몸은 힘에 대항하는 힘을 보여 주면서 물리적 접촉을 일으킨다. 따라서 비폭력은 힘이나 공격성 부재가 아니라 더한 폭력을 막기 위해 몸의 연대를 활용하는 '윤리적 체현 양식an ethical stylization of embodiment'(22)이다. 마지막으로 근본적인 윤리적, 정치적 모호함과 타협하지 않는 비폭력의 실천이란 없는데, 비폭력이 절대적 원칙이 아니라 진행 중인 투쟁의 이름이라는 의미에서 그러하다.

> 비폭력은 행위 실패라기보다는 삶을 요청하는 몸의 주장이자, 살아 있는 주장이다. 또한 네트워크와 캠프장과 집회를 통해 연설과 몸짓과 행위로 만들어진 요청이다. 그리고 이 모든 것이 삶을 가치 있는 것으로, 애도할 수 있는 것으로 재구성하려 한다. 이들이 보이지 않게 지워지거나 돌이킬 수 없는 불안정성에 놓이는 상황에서도 말이다(24).

『비폭력의 힘』은 1장에서 나와 타인을 분리하는 개인주의를 비판하고, 사회적 유대 관계와 상호 의존성이 비개인주의적 평등론을 이해하는 데 중요하다고 강조하면서 상호 의존성과 비폭력을 연결한다. 개인주의는 자본주의 사회에서 윤리와 정치의 기반이라고 생각되지만, 사실상 '원형적 나르시시즘proto-narcissism'의 수정판에 불과하며, 자기 역량 강화의 증대 및 권력 강화 실천과 관련된 공격적이고 신경증적 집착이라고 비판된다(Das·Shankar 2021, 103). 2장에서는 도덕철학이 성찰적 차원의 비폭력을 전개할 토대가 될 수 있는지를 이마누엘 칸트, 지크문트 프로이트Sigmund Freud, 멜라니 클라인Melanie

Klein을 중심으로 논의한다. 사회관계성의 윤리가 능동적 해방의 힘으로 설 수 있다면 비폭력도 혁명적 투쟁을 포함할 수 있다. 3장은 권력은 이미 항상 인종차별 도식을 통해 작동한다고 보고 프란츠 파농과 발터 베냐민, 에티엔 발리바르 등을 중심으로 생명 정치윤리학의 바탕에 있는 인종차별적 망상에 대해 논의한다. 전투적 평화주의와 공적인 애도는 삶을 기억하고 보호하며 보존할 수단으로 옹호된다. 미셸 푸코의 생명정치와 아실 음벰베Achille mbembe의 죽음정치necropolitics에 대한 이해를 기반으로 비폭력의 윤리적 의무에 입각한 포괄적 생명 긍정의 자아 사상을 발전시킨다. 4장은 프로이트의 정치철학을 통해 인간의 파괴 충동이 어떻게 파괴를 벗어날 수 있을지를 연구한다. 인식적-정치적 범주로서 조증mania을 활용해 권위주의 독재 정부를 전복하는 '비현실적 형태의 반란 연대'(168)를 끌어내고 그 안에서 비폭력의 공격적 재전유라는 수행적 작용을 일으키고자 한다. 독재 정권의 폭력에 맞서는 반란 현상이 비폭력 연대의 순간과 겹치면서, 타인과 함께하며 관계 맺는 비폭력 연대의 순간을 모색하는 것이다.

이런 비폭력 연대의 기반에는 상호 의존하는 '평등주의 상상계'가 있다. 이미 강조했듯 비폭력 저항은 수동적 침묵이 아니라 저항과 변혁의 능동적 힘이다. 또한 비폭력은 인간 보편의 취약성을 집회의 수행성으로 결집하고, 공적인 정치적 광장에서 몸들이 연대하여 구조적, 물리적 폭력에 저항하며 평등을 지향하는 정치적 연대의 적극적 행동이다. 이런 행동은 개인의 자립적이고 자족적인 주체성보다는 관계적이고 상호 의존적인 연대성을 강조한다. 자율성에 반하는 타율성, 자립성에 반하는 관계성은 나를 벗어나ec-static 우리의 연대를 상상하는 기반이 된다. 버틀러는 이미 『젠더 허물기』와 『위태로운 삶』에서 이런 관계성이 우리의 사회적, 정치적 삶의 규범적 차원이자 우리의 상호 의존성을 고려하는 차원이므로, 이러한 관계성에서 새로운 규범의 세계, '정치적 영역 안에 새로운 규범적 열망'을 열고 '다른 규범의 열망'이나 '다른 정치 개념'을 찾아야 한다고 주장했다. 이것이 비폭력 저항이 필요로 하는 새로운 정치적 상상계, 어쩌면 평등주의에 기반한 대안적 이상이라고 할 수 있다.

　　취약성과 수행성이 비폭력 저항의 관점에서 서로 겹쳐 있듯 윤리와 정치는 따로 떨어진 것이 아니라 하나로 연결되어 있다. 윤리와 정치의 구분을 거부하면서 정치학의 한가운데에서 등장하는 윤리의 문제를 생각할 때 비폭력 저항이라는 '정치적인 것 안의 윤리적인 것의 발생', 즉 정치와 윤리의 접합 지점을 논의할 수 있다. 평화적 시위, 거리 집회, 비폭력 저항의 현장에서 폭력, 죽음, 기아, 투옥, 박탈의 가능성에도 불구하고 집회의 수행성 속에 연대하는 몸들은, 경찰이나 군대의 공권력 앞에 취약하게 노출되어 있지만 동시에 삶의 불평등을 공론화하고 사회 변화를 촉구하며 인간 차단막이나 몸의 방어벽이 되어 부당한 권력에 저항한다. 모든 인간의 평등한 권리, 즉 살아서는 평등한 삶의 가능성을, 죽었을 때는 평등한 죽음의 애도 가능성을 주장하기 위해서다. 비폭력 저항은 고요한 영혼을 지키는 수동적 행위도 아니고 기존 권력과 유착된 개인적 윤리의 연결점도 아니며, '정치 영역의 한가운데에 있는 윤리적 위치position'이다.

　　폭력에 맞서는 비폭력 투쟁을 위해서는 새로운 정치적 상상계, '급진적 평등주의radical egalitarianism'의 이상이 필요하다. 비폭력 운동이 급진적 평등주의라는 이상 안에서 작용할 때 그것은 사회를 선도할 수 있고, 살 만한 삶과 애도할 만한 죽음에 대한 동등한 주장의 기반이 된다. 이런 사회적 이상이 개인주의의 유산을 넘어 비폭력 정치와 윤리의 근본이 되고, 우리의 구성적 상호 의존성으로 정의되는 사회적 자유를 새롭게 생각할 수 있게 한다. '평등주의 상상계'는 모든 생명체의 연대를 파괴할 잠재력에 맞서는 투쟁에 필요하다. 모든 살아 있는 유대에서 파괴의 가능성이나 타인에 대한 폭력은 자신에 대한 폭력이며, 모든 폭력은 우리의 세계, 살아 있는 상호 의존성에 대한 공격이기 때문이다.

2) 정치와 윤리의 접합점, 평등과 민주주의

『비폭력의 힘』은 정치와 윤리를 결합해서 폭력에 대항해 정치적 힘을 행사하면서도 윤리적 구심점을 놓지 않을 방법을 모색한다. 비폭력은 무대응이나 무반응 같은 행위 실패가 아니라, 지속적이고 일관된 현실의 정치적 대치를 포기하지 않는 투쟁이자 저항의 가능성으로 제시된다. 폭력과 비폭력을 구분하는 기존 정치의 해석학을 비판적으로 사유하고, 영혼의 안식처에 홀로 자족하며 고립되는 대신 정치 현장에 직접 참여하는 수행성은 공공장소에서 시민들의 몸을 집단적으로 동원하는 '비폭력 저항'의 윤리를 이룰 수 있다. 그것이 '비폭력'인 이유는 폭력은 서로 연결된 모두의 삶의 유대에 대한 파괴에 해당하기 때문이고, '저항'인 이유는 이런 노력이 무기력과 포기가 아니라, 분노와 분개로부터 발생하는 능동적 힘이기 때문이다.

비폭력 저항은 폭력에 저항하는 힘으로서 현실의 인종차별, 외국인 공포, 동성애 공포, 여성 혐오에 저항할 자원이다.

버틀러는 알버트 아인슈타인Albert Einstein의 '전투적 평화주의militant pacifism'를 끌어와 '공격적' 형태의 비폭력을 논의한다. 그리고 공격적 비폭력을 위해 두 가지를 제안한다. 하나는 의존성과 상호 의존성의 형태를 전제하는 비폭력 윤리를 주장하는 것인데, 이런 의존성과 상호 의존성은 해결이 어렵거나 갈등과 공격성의 근원이 된다. 두 번째는 평등에 대한 이해가 어떻게 비폭력의 윤리 및 정치와 연결되는지를 고려하자고 제안한다. 그는 생명의 평등한 애도 가능성을 정치적 평등에 포함시켜서 개인주의를 벗어나자고 말한다. 공격적 비폭력은 갈등의 한가운데에서 일어나며, 폭력이라는 힘의 장을 통제할 수 있다. 이런 평등은 서로에 대한, 개인 차원의 평등이 아니라 개인주의를 비판하는 상상의 공동체를 전제하는 개념이다.

비폭력 운동은 급진적 평등주의라는 이상 안에서 작동하므로 급진적 민주주의를 지향한다. '평등주의 상상계'는 무엇보다도 '삶의 가능성'과 '애도 가능성'이라는 모든 삶과 죽음의 평등한 인정을 요구한다. 또한 근대의 개인주의가 주장하는, 자족적인 성인 남성을 주체 모델로 하는 갈등하고 경쟁하는 사회가 아니라, 우리가 태어나는 순간 누군가의 보살핌을 받아야 살 수 있고 인간뿐 아니라 지구 전체의 생명 관계 및 사회적 구조의 지원 속에서 서로 도움을 주고받는 상호 의존적 연속체 모델로 세계를 이해한다. 마지막으로 이 정치적 상상계는 비현실적이라 할지라도 우리의 비폭력 윤리를 구현하기 위해 꼭 필요한 도덕적 상상력이자 대안적 세계이다. 모두가 삶의 가능성

과 죽음의 애도 가능성에서 평등한 정치적 상상계를 생각하고 개인
주의적 이해관계를 중심으로 한 정치적 리얼리즘과 결별한다면, 그
가운데 유토피아적 지평이 열리고 '평등주의 상상계'를 윤리적 숙고
의 기반으로 삼을 수 있다. 이렇게 상상된 삶은 윤리적 숙고에 중요
한 부분이며, '비폭력 실천의 조건'이기도 하다(77).

　　우리의 사회적 관계 및 개인에게 내재하는 폭력의 잠재성을
이해하고 그 방향을 틀 수 있는 것은 평등주의 상상계를 형성하기 위
한 노력을 지속할 때만 가능하다. 체계의 폭력이 특권과 보호에 관한
기존 위계에서 볼 때 위협적인 사람의 삶을 파괴한다면, 비폭력의 정
치적 힘은 진짜 본질을 감추는 전략을 드러내고 그것에 저항하는 데
있다. 모든 생명은 동등한 가치를 가질 수 있으며 가져야 한다고 주장
하는, 끝이 열린 미약한 연대를 형성하면서 말이다. 비폭력과 취약성
은 무력한 수동성과 달리 강력한 능동적 저항의 힘을 키울 수 있다.

　　이 모든 비폭력의 힘은 무엇보다도 평등 혹은 평등을 향한 상
상적 지향에서 비롯된다. 버틀러가 열어 내는 가장 흥미로운 비폭력
탐구 방식은 '평등'과 관련되며, 상호 의존성과 삶의 애도 가능성을
전제하는 '급진적 평등주의'야말로 비폭력의 근원이라는 데 있다. 삶
을 상호 의존적이고 애도 가능한 것으로 간주한다는 것은 '삶의 보존
에 대한 평등주의적 접근'을 하는 것이며, 비폭력을 통해 모든 시민의
평등과 자유를 향한 쉼 없는 수정과 개선을 요구하는 급진적 민주주
의로 향하려는 것이다.

　　튀르키예에서는 평화청원서에 서명한 사람들이 테러 혐의로
기소당하고, 팔레스타인에서는 주민 전체의 평등과 정치적 자결을

보장해 줄 정치 형태를 모색하는 사람들이 오히려 폭력과 파괴 혐의로 기소당한다. BLM(Black Lives Matter) 시위는 국가 안보에 대한 폭력적 위협으로 간주되고, 반-젠더 이데올로기에서 젠더는 가족을 파괴하는 핵무기처럼 그려진다. 비폭력을 주장하는 사람들을 무력화하고, 평등과 자유의 추구를 폭력 사태로 변질시키고, 전쟁 반대자를 전쟁 참여자의 입장으로 왜곡하기 위해서다. 온두라스, 과테말라, 브라질, 아르헨티나, 베네수엘라, 엘살바도르 등 라틴 아메리카에서 살해당하는 여성의 수는 연간 3000명에 이른다. 이에 스페인, 이탈리아, 라틴 아메리카의 100만 명 이상이 여성과 트랜스젠더 살해를 동반하는 마초 폭력에 반대하는 시위, '단 한 명도 더 잃을 수 없다Ni Una Menos' 운동에 나섰다.

폭력의 정치적 구성 과정을 밝히고 비폭력 저항의 힘으로 폭력에 맞서기 위해서 '평등주의 상상계'는 필요한 이상이다. 애도 가능성의 평등은 상호 의존성과 연결되며 전투적 비폭력을 왜, 어떻게 실천해야 하는가라는 질문과 연결된다. 이때 생명의 가치를 평등주의 관점에서 바라보는 일은 무엇보다 중요하다. 최선의 비폭력을 실천할 최고의 방법에 대한 윤리적 고려를 시작하는 일이면서 급진적 민주주의의 이상을 끌어오는 일이기 때문이다. 폭력의 제도적 삶을 무너뜨리는 것은 폭력을 금하는 명령이 아니라 제도에 맞서는 에토스ethos 실천이다.

정치적 비폭력 실천이 평등주의 상상계의 기반에서 작동할 때, 살 만한 삶과 애도 가능한 죽음에 대한 동등한 주장, 즉 상호 의존성에 입각한 비폭력 윤리가 성립 가능하다. 비폭력은 폭력과의 끊임

없는 투쟁이자 양가적 공격성으로 폭력에 대항하는 적극적인 힘이자 몸의 주장이고, 사회적 상호 의존이라는 급진적 평등주의 지평에서 온다. 우리는 서로 없이 살 수가 없고 너에 대한 나의 의존은 나 자신이 없어지지 않는 한 없앨 수 없다는 점에서 인간은 평등하다. 그 평등한 세계에 대한 상상이 바로 비폭력의 힘의 기반이고, 비폭력의 조건이자 실천 가능성이다.

만일 삶이 근원적 취약성 외에도 정치적 불안정성, 즉 프레카리티로 인해 차별적이라면 그 삶은 살 만한 조건이 구비되지 않은 것이다. 삶의 차등적 불안정성은 정치적으로 유도된 조건으로, 그 안에서 특정 인구가 잘못된 사회경제적 지원 네트워크로 고통받을 뿐 아니라 상해, 폭력, 죽음에도 불평등하게 차등적으로 노출된다. 불안정성은 불안정함의 불평등한 분배이며, 몸의 취약성과 국가 폭력 앞의 노출을 극대화하도록 정치적으로 유도된 상황이다. 로이드는 버틀러가 "불안정성과 수행성이라는 두 요소의 상호작용"(Lloyd 2015, 177)에 주목하여, 불안정성이 출발점이 될 때 수행성에 정치적으로 어떤 일이 일어날지에 주목한다고 본다. 수행성이 행위 주체에 대한 설명이라면, 불안정성은 통제할 수 없어 보이는 방식으로 삶을 위협하는 조건이다. 그런데 공적 공간에 나타날 권리가 없는 사람들, 그 공간에서 금지되고 배제된 사람들이 대중 집회에 나타나 자신의 존재를 공적으로 보이게 하고 들리게 하면서, 자신의 불안정성에 반박할 뿐 아니라 동시에 살 만하고 살기 좋은 삶을 요청한다. 이런 요청은 권리 없는 자의 권리 주장이라는 '수행적 모순'이면서 불안정한 약자들이 정치적 권리를 주장하고 기존 인정의 조건에 이의를 제기하여 행위 주체가 되는 방식으로 폭력에 저항하는 '비폭력의 힘'이 될 수 있다.

폭력은 그것을 사용하는 의도에 따라 자의적이고 역설적인 의미로 사용될 수 있다. 그러나 무엇보다 중요한 것은 모든 폭력이 서로 연결된 생명에 대한 위협이라는 점이다. 타인이 폭력을 쓰니 나도 쓴다거나, 나를 보존하기 위해 자기방어 수단으로 쓰는 폭력은 사실상 나의 삶을 위협한다. 인간은 몸의 존재이자 감정의 존재라서 취약성과 사회성 속에 서로 의존하고 서로 도움을 주며 영향을 미치는 관계에서는 타인에 대한 폭력도 나에 대한 것이 될 수 있다. 타인과 나의 관계가 근본적으로 나와 타인을 규정한다면 타인에게 행해진 폭력도 나를 향한 폭력일 수 있다. 모든 폭력은 사회적 상호 관계에 대한 침해이며, 폭력을 당하는 사람뿐 아니라 내 삶의 가능성까지 훼손한다.

3) 내 앞의 당신, 그리고 우리

비폭력 시위자와 폭력을 당한 사람에게는 "앞선 사회관계a priori social relationship"(9)가 있다. 지구상에 함께 살 사람을 선택할 수 없는 공동 거주의 세계에서 둘은 서로의 일부이거나, 한 사람의 자아가 이미 다른 자아에 연관되어 있다. 그렇다면 비폭력은 사회관계를 인정하는 방식이자, 앞선 사회관계에서 이어진 규범적 열망을 주장하는 방식일 것이다. 비폭력 윤리는 개인주의에 입각할 수 없고 개인주의를 정치와 윤리의 기반으로 삼는 것을 앞장서 비판한다.

비폭력의 윤리와 정치는 생명을 지속하는 만큼 파괴할 수도 있
는 일단의 관계에 얽매인 자아들이 서로의 삶에 연루되는 방식
을 설명해야 할 것이다. 결속하고 규정하는 이런 관계는 2자 간
인간의 만남 너머로 확장되고, 그게 바로 비폭력이 인간관계뿐
아니라 모든 살아 있는 상호 구성적 관계와 연관되는 이유다(9).

이 관계성은 자아 중심 윤리학과 개인주의적 정치 유산을 비
판하고 자아를 사회적 관계성으로 열어 내고자 한다. 그런데 이 관계
성에는 긍정적인 것만이 아니라 갈등, 분노, 공격성 같은 부정적인 것
도 있다. 그래서 관계성은 모호하고 양의적이다. 그 자체로 좋은 것,
연결되었다는 기호, 파괴 앞의 윤리적 규범이라기보다는, 윤리적 의
무의 문제를 지속적이고 구성적인 파괴의 잠재력을 고려해서 해결해
야 하는 곤란하고 양가적인 영역이다. 인간의 근본적 공격성을 부인
할 것이 아니라 오히려 이 공격성을 인정하고 그것을 타인을 보존하
는 윤리로 바꿀 가능성에 대해 논의할 필요가 있다.

비폭력은 폭력을 비판할 윤리적 가능성이지만, 폭력에 대한
비폭력 투쟁은 폭력을 자신의 가능성으로 받아들이기 때문에 평화
상태가 아니라 '분노'이며 그 결과, 행위를 발생시키려는 사회적이고
정치적인 '투쟁'이다. 비폭력은 어떤 덕목이나 입장, 보편적으로 적
용되는 원칙이 아니라 "상처 입고 분노한 채 폭력으로 보복하고 싶은
데, 그럼에도 보복 행위를 하지 않으려고 애쓰는 주체가 빠져 있는 갈
등적 상황"(Butler 2009, 171)이다. 폭력에 맞서려는 분투는 그 폭력이 자
신의 것일 수 있다는 가능성을 수용하므로 폭력과 비폭력은 전략과

전술일 뿐만 아니라 주체를 형성하는 요소이자 주체의 구성적 가능성이며 현재 진행 중인 투쟁이 된다. 비폭력은 폭력에 반대하는 저항의 실천이며, 분노, 분개, 적개심을 안고 있어서 인간의 근본적 공격성을 부정하지 않는다. 버틀러는 이 공격성이 비폭력으로 전환되는 과정의 '양가성'을 중시하고, 그것을 인간의 근원적 의존성과 연결해 정신분석학과 사회심리 이론을 결합하고자 한다.

근본적 공격성과 파괴성을 부정하지 않으면서 어떻게 타인을 보존하려는 욕망과 사회적 연대의 힘으로 전환할 수 있을까? 프로이트가 설명하는 자아에 대한 초자아의 공격성, 자기 질책의 우울증에 대항할 조증, 죽음 충동death drive[27]의 파괴성을 억제할 비판 능력은 근본적 공격성이나 죽음 충동이 개인적인 층위뿐 아니라 정치적이거나 사회적 층위에서 작용할 윤리적 가능성을 시사한다.[28] 또한 클라인이 말하는 유아의 부모에 대한 의존성과 "대체 가능성이라는 판타지 차원phantasmatic dimension of substitutability"(80)은 타인을 보존하고 "진정한 공감"(89)을 가져올 수 있다. 유아가 전적으로 의존하는 엄마에게 보인

---

[27] 버틀러는 프로이트의 본능(instinct, Instinkt)과 충동(drive, Trieb)을 구분하면서, 본능은 생물학적인 것이지만, 충동은 신체 영역과 심리 영역 사이의 경계로 본다.

[28] 프로이트 정신분석학에서 모든 사랑의 관계는 애증의 양가감정이라서 사랑은 한 사람과 다른 사람을 결속할 힘이기도 하지만, 모든 관계를 파괴할 잠재력이기도 하다. 개인 심리 면에서 초자아는 자신의 파괴력을 자아로 돌리고 자아의 생명을 위험에 처하게 할 수 있다. 우울증에서 자아가 자기 파괴를 막을 유일한 방법은 조증으로 돌려 폭군을 피하는 것이다. 조증은 초자아가 자기 파괴에 대항하는 유기체의 저항으로 세계와 자신을 향한 파괴 행위에 저항하므로 자아의 자기 파괴성을 억제할 비판 능력과 울증을 막을 조증이 필요하다. 집단 심리의 면에서 전쟁을 막을 방법은 국가주의의 흥분에 저항하고, 인간으로서 우리 본질의 유기체적 기반에 집중하며, 타나토스(Thanatos)의 적대자 에로스(Eros)를 동원해 공동의 정체성 형태를 만들어서 "비-국가주의 연대의 정서(solidaristic sentiments of a non-nationalist sort)"(177)를 교육하고 함양하는 것이다.

공격성 때문에 죄책감과 우울증을 교차해 보이는 것은 인간의 근본적 공격성이 사회적인 타인 보호의 윤리로 변할 정신분석학적 요소가 된다.[29] 결국 공격성은 없어지는 것이 아니라 상호 의존성에 기반한 사회 유대의 구성 요소가 되며 공격성이 어떤 형태를 갖는가가 비폭력 저항과 새로운 대안적 규범 사회의 미래를 좌우한다.

프로이트에게 공격성은 인간의 심리 근본에 도사리는 파괴 본능이자 죽음 충동이지만 그것을 내적인 공격성에 적용할 경우 파괴를 벗어날 가능성이 된다. 근본적 살해 본능은 '너의 살해 충동을 살해하라Murder your own murderous impulse'라는 방식으로 변용되어 문화적 초자아로 작용할 수 있다. 프로이트는 『문명 속의 불만Civilization and Its Discontents』(1930)에서 이런 식으로 양심 개념을 발전시켜 파괴성이 파괴성 자체를 향하고, 또 그 과정에서 초자아가 촉발되어 파괴성이 강화된다는 것을 보여 준다. 자아가 살인 충동을 포기할수록 초자아는 자아를 더 잔인하게 학대하며, 타인에 대한 공격성과 폭력이 금지될수록 초자아의 자기 질책과 비난은 더 거세진다.

양심이나 죄의식은 파괴 본능이 외부에서 내부로 향한 것이므로 외적인 공격성은 해결된 반면 내적인 공격성은 여전히 남아 있다.

---

29   클라인의 대상관계 이론에서는 아버지보다 어머니와 유아가 맺는 관계가 중요한데, 아이는 자신이 완전히 의존하는 전능한 어머니를 좋은 대상과 나쁜 대상으로 분리하고 편집-분열증 위치에서 나쁜 어머니에게 공격성을 보이다가 나중에 우울증의 위치에서 죄책감을 갖는다. 우울증적 불안과 그것에 동반되는 죄책감은 '보상'으로 이어진다. 복원의 환상과 행위를 통해 원래의 좋은 어머니를 회복시켜 놓는 것이다. 그 동력은 단순히 파괴성에 대한 반작용 형성이나 대상에 대한 의존에서 오는 불안만이 아니라, 아이가 엄마에게 받았던 선함에 대한 깊은 감사에서 온다. 보상의 기간 동안에 유아에게 새로운 동력은 사랑을 통해 "대상을 다시 완전하게 만들려는 열망"(Doane 1992, 10)이다.

초자아가 절대적인 도덕명령, 잔인한 처벌로 자아를 학대하면서 억제된 것뿐이다. 자기를 학대하는 양심이나 부정적 나르시시즘은 인간의 근본적 공격성을 해결할 대안이 될 수 있다. 프로이트의 「애도와 우울증Mourning and Melancholia」에서는 상실된 타자가 자아에 내면화될 때 오히려 사랑했던 대상을 비난하는 목소리를 형성하는데, 이때 비난의 목소리는 타자에게 향할 비난을 자신에게 쏟아 낸다. 타인의 삶을 보존하기 위해 자신에게로 되돌아온 목소리는 자신을 파괴할 잠재적 소멸 도구가 된다. 이런 죽음 충동과 공격성의 양가성은 비폭력의 윤리적 투쟁으로 가는 길을 제시할 수 있다.

클라인은 「사랑, 죄의식, 보상Love, Guilt, and Reparation」에서 개인 심리와 사회 심리가 수렴하는 자리를 '사랑과 증오의 역학'에서 찾는다. 유아의 환상 속에 일어나는 나와 타인의 무의식적인 대체를 보면 거기서 나의 보존과 타인의 보존은 구분되지 않는다. 이 '대체 가능성'에서 도덕철학과 정신분석학이 연결된다. 엄마의 존재와 부재에 대한 유아의 사랑과 분노, 공격성과 우울이라는 감정적 대응은 의식적 숙고 이전의 무의식 영역의 대체에 이르러 두 삶의 완전 분리를 불가능하게 한다. 사람들을 행복하게 만들려는 욕망은 "강한 책임 및 염려"와 연결되고 그런 "타인과의 진정한 공감"(87)이 우리를 타인의 위치에 놓게 한다. 그 때문에 나의 정체성은 이타주의의 가능성에 가까워지게 된다. 스스로를 사랑받는 사람으로 규정할 능력이 있어야 자신의 감정과 욕망을 어느 정도 무시하고 "타인의 감정과 욕망을 우선시"(Klein 1964, 66)할 수 있다.

유아는 어머니에게 전적으로 의존하고 그런 절대적 존재인 어머니에 대해 양가적 감정을 느끼는데, 그것은 좋은 엄마에 대한 만족과 나쁜 엄마에 대한 파괴 욕구다. 공격적 소망은 불안과 공포로도 이어지는데, 그 이유는 유아의 공격성이 자신이 가장 사랑하고 필요로 하며 전적으로 의존하는 대상을 파괴할 수도 있기 때문이다. 엄마를 잃는다는 것에 대해 유아는 죄의식뿐 아니라 고통도 느낀다. 그것은 유아의 근본적인 무력감으로 인한 불안의 고통이다. 아이의 마음속에 사랑과 증오의 갈등이 생길 때 엄마를 잃을지 모른다는 무의식적 두려움이 생기고, 엄마를 파괴한다면 자신의 삶도 위험해지리라는 예측 때문에 엄마를 지키려는 긴급한 욕망이 생긴다. '대체 가능성'이라는 무의식적 판타지phantasy의 차원에서 정신분석학과 도덕철학은 만나고, '타인과의 진정한 공감', 즉 타인을 있는 그대로 느끼고 이해할 능력에서 개인의 심리와 사회적 심리가 수렴한다.

　　공격적 비폭력의 힘은 정신분석학적 애증의 양가성, 근본적 공격성과 사회적 관계성의 결합에서 발생한다. 프로이트는 죽음 충동을 재회로화해 자아로 돌아온 양심과 죄의식을 중시하고, 클라인은 역전과 부정의 변증법을 통해 대체 가능성과 진정한 공감에서 타인의 삶을 보존하려는 충동을 본다. 이제 초자아는 파괴를 멈추고 문명을 가능하게 할, 파괴적 자아에 대한 공격성이 되고, 엄마에 대한 유아의 공격성은 죄의식이자 사회적 연대를 표명할 계기가 된다. 애증의 양가성, 공격성의 내면화, 그리고 타인의 파괴는 나의 파괴이기도 하다는 대체 가능성과 진정한 공감은 유아와 어머니의 관계만이 아니라 사회적 결속 형태로 확대될 수 있다. 많은 불평등과 말소가 발생하는 파괴적 상상계의 지평을 부수기 위해 우리에겐 파괴를 일

삼는 사람들과 싸우되 그들의 파괴를 복제하지 않을 방식이 필요하다. 파괴 없이 파괴적 상상계와 맞서 싸우는 것이 비폭력 윤리와 정치의 결속이자 책무이다. 그러기 위해 어떤 변화된 지각 세계, 현재의 정치 조건에서 벗어난 "다른 상상계another imaginary"(64)가 무엇보다 필요하다.

3. 평등주의 상상계

파괴성을 피할 새로운 상상계는 우리가 윤리적이고 정치적인 삶으로 향하도록 도울 수 있다. 그 안에서는 공격성과 슬픔이 즉각 폭력으로 변하지 않고, 우리가 택한 적 없는 사회 유대의 어려움과 적개심을 견뎌 낼 수 있을 것이다. 비폭력을 주장하는 세계는 비현실적이지만 그 불가능한 세계는 현재의 사유 지평 너머에서 모두에 대한 유대를 보존하려는 열린 투쟁으로 존재한다. 평등주의 상상계 맥락에서 비폭력 에토스를 발전시키기 위해서는 인간중심주의적 개인주의를 비판하고 공통의 토대를 생각하는 것이 중요하다.

취약성이 개별 정치의 조건이면서 공통 윤리의 가능성이라면 다른 규범과 다른 정치가 가능한 새로운 세계, 상호 의존성에 기초한 평등의 세계도 취약성에 입각해 상상해 볼 수 있다. 서로 위험과 위협을 느끼면서도 서로에게 몸의 애착을 갖는 취약성의 존재론적 양상은 취약성을 토대로 상호 의존 속에 서로에 대한 비폭력과 타자 보존의 윤리를 형성할 대안적 규범의 지평을 열 수 있음을 보여 준다.

바뤼흐 스피노자Baruch Spinoza를 받아들인 버틀러는 정치적 저항이 '살고자 하는 욕망'이고 살아 있는 존재가 계속 삶을 지속하려는 분투라고 본다. 삶을 지속하려는 욕망은 다양한 정치 주체 구성으로 사회의 현실을 변화시키려는 정치적 욕망이 되고, 이 욕망은 자기 중심적으로 이기심을 채우는 것이 아니라 다양성과 연대에 기반한 공동체에 소속됨으로써 타인과 함께할 때 실현할 수 있다.

로즈마린은 버틀러가 불안정성이라는 구체적인 사회적 위치로 취약성을 현실화하면서도 불안정함을 가져와 취약성에 대한 존재론적 설명을 하는 이유가 "새로운 정치적 상상계"(Rozmarin 2020, 606)를 만들기 위해서라고 본다. 존재론은 타자를 만날 대안적 방식을 제시하고 타자가 자아의 정체성에 제기한 문제에 응답함으로써 당대 권력의 모태라는 한계 너머에서 사유할 수 있게 한다. 버틀러가 존재론을 활용하는 것은 서구 근대 주체의 이상에 대한 대안으로서 '새로운 정치적 상상계'를 창조하고, 그것을 정치적 상상력의 자원으로 활용하여 '정치 영역 안에 새로운 규범적 열망'으로 규범의 변화를 촉구하기 위해서다.

> 윤리적으로 생각해 볼 때, 일련의 유대와 연대를 발견하고 구축할 방법, 상호 의존성을 평등한 가치의 원리와 연결할 방법이 있어야 한다. 또 인정 가능성을 차별적으로 할당하는 권력에 반대하거나, 당연시되는 권력 작용을 와해하면서 이와 같은 일을 할 방법이 있어야 한다(Butler 2015, 43).

불안정함이 구체적 불안정성이 되는 틀을 만드는 규범은 지속적인 수행적 반복에 달려 있으므로 새로운 인정의 틀은 규범적 담론의 규칙적 패턴을 방해할 수 있다. 또 이런 방해들이 서로 다른 취약한 상황들을 정치적으로 동원할 힘으로 활용하는, 정치적으로 체현된 실천에서 대안적 담론의 기회를 만들 수도 있다. 따라서 버틀러의 존재론은 신자유주의의 강력한 지배를 초월할 '도덕적 상상력'으로 작용할 수 있다. 이 대안적 상상계는 불안정감, 불확실함, 의존을 윤리와 정치의 원칙으로 동원될 비적대적 경험이 되도록 새로운 담론적 가능성을 제시한다.

인간은 처음부터 타인에게 내던져진 나약한 존재이고 근본적으로 그 생사가 타인에게 달려 있어 취약하고 불안정하다. 그런데 사회계약론에서 가설적으로 상정하는 '자연 상태the state of nature'에서 우리는 처음부터 이미 서로 갈등하는 개인이고, 성인이고, 남자이다. 호모 호미니 루푸스homo homini lupus를 주장한 토머스 홉스Thomas Hobbes의 설명에서 자연 상태의 개인은 다른 개인이 가진 것을 원하고, 두 개인은 같은 땅의 소유권을 서로 주장하며 이기적 목적으로 싸움을 벌여 재산과 자연과 사회적 지배에 대한 개인적 권리를 확립하려 한다. 그런데 우리가 어떻게 개인이 되었는지 "왜 의존이나 애착보다는 갈등이 첫 번째 열정적 관계인지"(30)는 설명되지 않는다. 더불어 왜 처음부터 자족적이고, 남자이고, 어른인지 알 수 없게 처음부터 그렇게 상상으로 결정되어 있다. 최초의 가설적 상황, 허구적 상상의 상태는 무의식적 판타지로 사유의 틀을 만드는 강력한 힘이 있다.

자크 라캉Jacques Lacan의 '거울 단계mirror stage'도 이와 비슷하다.

거울 앞에 서 있는 어린 남자 아이가 거울에 비친 자신의 모습에서 자족성을 깨닫고 기뻐하는 순간 사실 아이는 착각에 빠져 있다. 아이가 자신의 근본적 자족성에 환호할 때 모호하게 비춰지는 지원의 제공자는 아이를 안고 있는 어머니라는 것을 우리는 안다. 자유주의적 개인주의의 기반이 되는 장치가 이 같은 일종의 거울 단계이고 이런 상상계라고도 할 수 있다. 성인 남자의 "자기충족성이라는 환상the fantasy of self-sufficiency"(42)을 유지하기 위해 유아의 의존과 어머니의 지원 노력과 수고는 부인되는 것이다. 이 장면에서 남성성은 환상적 자족성으로 정의되는 반면, 여성성은 보이지 않는 지원책으로 정의되는 것처럼 보인다. 이런 상상은 이성애를 전제된 틀로 삼는 가족 구조를 당연시하게 만들면서 '어머니의 돌봄 노동'과 '아버지의 부재'를 흐린다. 그것을 특정 상상이 아닌 어떤 보편적 상징 구조로 받아들이면 그 환상은 법이 될 수도 있다. 다른 출구, 그것에 앞선 장면, 그 장면 외부의 것에 대해 질문하지 않는다면 이런 환상, 불균형, 성별 노동 분업을 말하는 이론은 확대 재생산될 수가 있다.

　　정치철학적 가설로서의 자연 상태나 정신분석학적 자아 형성 이론은 모두 어른, 남자, 자족성을 추구하기 때문에 아이, 여자, 의존성은 처음부터 생각의 틀에 들어가지 않는다. 하지만 우리가 태어날 때부터 어른이 아니고, 모든 인간이 남자도 아니다. 어머니의 돌봄이 없는 유아의 성장을 상상할 수 없듯 우리 모두는 근본적 의존성의 조건 속에 태어나며 자족성을 가지지도 못한다. 사실 어른이 되어서도 주변 환경, 시설, 체계, 제도의 도움 속에 살아가므로 의존성은 애착과 감정의 인간관계뿐 아니라 사회적 물질적인 체계 및 환경으로 확대된다.

사회적 유대 없는 삶은 위험에 처하게 되며 사회적 상호 관계는 삶의 특징이다. 폭력은 그런 상호 관계에 대한 공격이자 사람들에 대한 공격, 가장 근본적으로는 '유대bonds'에 대한 공격이라고 말할 수 있다. 관계 속의 개인은 서로 의존을 주고받는 관계에 달려 있고 그 관계에서 형성되고 유지된다. 각각이 서로에게 무엇을 의존하는지는 서로 다르고 다양하지만 분명한 것은 우리가 다른 인간 생명뿐 아니라 동물, 환경, 공공시설에 의존한다는 사실이다. 각 존재의 특이성과 독특함은 분명 있지만 그 차별적 특성은 상호 관계성으로 인해 규정되고 존속할 수 있다. 이런 유대 속의 상호 의존성은 사회적 평등을 지향한다.

평등은 사회적 상호 의존성의 관점에서 생각되어야 하는 것이기 때문에 추상적 개인에게 같은 가치를 부여하는 단순 계산값이 될 수 없다. 사람은 모두 평등한 대우를 받아야 하는데 평등한 대우는 삶의 사회적 조직 바깥에서 일어날 수 없다. 그 안에서 물질적 풍요, 음식, 집, 일, 공공시설이 평등한 삶의 가능성의 조건을 이루고, 이런 가능성의 조건은 평등을 결정하는 핵심 요건이다. 서로 의존한다는 것은 취약하다는 것이고, 이런 취약성을 극복하고 자족성을 회복하는 것이 아니라, 취약성에 입각한 상호 의존성을 평등의 조건으로 받아들이는 것이 사실 중요하다.

버틀러는 상호 의존성을 평등의 토대로 삼아 나와 너의 관계 속에 너에 대한 폭력은 동시에 나의 삶의 침해 가능성이라는 관점에서 폭력과 비폭력이 도구주의의 틀을 넘어설 윤리적이고 정치적인 비판적 사고의 가능성을 모색했다. 자족적이고 완전한 개인의 자아보다는 서로에게 의존하는 인간의 상호 관계성이라는 공통의 토대에서 지금의 현실 정치와는 다른 새로운 상상의 공동체, 즉 평등의 정치 공동체라는 가설적 상상을 도입했다.

　　새로운 공동체를 위해 비폭력도 새롭게 조망된다. 우선 비폭력은 개인이 선택하는 도덕적 위치가 아니라 서로 협력하여 이루는 사회적, 정치적 실천이다. 이런 실천은 체계의 파괴 형식에 저항하며, 경제적, 사회적, 정치적 자유와 평등의 이상을 구현하는 "지구적 상호 의존성global interdependency"(21)을 존중하는 세계의 건설에 기여한다. 두 번째로 비폭력은 반드시 평화적이거나 온화한 영혼에서만 온다고 할 수 없으며, 때로는 분노, 분개, 공격성의 표현이므로 '공격적 비폭력' 실천은 모순 어법이 아니다. 세 번째로 비폭력은 현실에서는 항상 완전히 존중될 수 없는 이상이며 신체 접촉 중에 힘을 막을 수도 힘에 개입할 수도 있는 "윤리적 체현 양식an ethical stylization of embodiment"(22)이다. 네 번째로 근본적인 윤리적이고 정치적 양가성과 협상하지 않는 비폭력의 실천은 없다. 비폭력은 절대적 원칙이 아니라 계속 진행 중인 투쟁의 이름이다.

　　비폭력은 행위 실패라기보다는 삶을 요청하는 몸의 주장이자 살아 있는 주장이다. 그것은 네트워크와 캠프장과 집회를 통해 연설과 몸짓과 행위로 만들어진 주장이다. 그리고 이 모두가 삶을 가치 있는 것으로, 애도할 수 있는 것으로 재구성하려 한다. 사람들이 시야에서 지워지거나, 돌이킬 수 없는 불안정성 형태로 던져지는 상황에서도 말이다(24).

비폭력은 폭력 행사가 가장 정당한 순간에 억제하는 저항의 실천이고, 자유와 평등을 주장하기 위한 지속적 헌신이자 공격성의 새로운 편성이다. 아인슈타인이 말한 "전투적 평화주의"(27 재인용)는 공격적 비폭력으로 사유될 수 있다. 증오가 완전히 없어질 수는 없지만 전쟁에 반대하는 공격적 입장으로 모아질 수 있고 그것은 전투적 평화주의라는 공격적 형태로 수렴될 수 있다. 또 비폭력은 '평등'에 기여하지 않는다면 의미가 없다. 비폭력이 평등을 요구하는 이유는 권리를 차등적으로 할당하고 박탈하는 세계 속에서 인종주의와 외국인 혐오, 여성과 동성애와 트랜스 혐오, 빈곤층과 권리 약자, 난민의 불평등이 존재하지만 평등의 세계 속에서 그들의 삶은 똑같이 가치 있고 죽음도 똑같이 애도될 수 있기 때문이다.

따라서 비폭력은 '급진적 평등주의'의 이상 속에 작동할 때 실천 가능하다. 살기 좋은 삶과 애도 가능한 죽음에 대한 평등한 주장은 개인주의의 유산을 넘어서 비폭력 윤리와 정치에 근본이 될 수 있다. 그것은 우리의 '구성적 상호 의존성'으로도 정의될 수 있는 사회적 자유에 대한 새로운 생각을 열어 낸다. 모든 살아 있는 유대에서 파괴의 잠재력을 해결할 투쟁을 위해 우리에겐 "평등주의 상상계"(24)가 필요하다. 타인에 대한 폭력은 나 자신에 대한 폭력이며, 폭력은 우리의 세계인 '살아 있는 상호 의존성'에 대한 공격이다.

새로운 상상계, 즉 삶의 상호 의존을 이해하는 평등주의 상상계는 삶과 죽음의 가치를 동등하게 부여한다. 그래서 모든 살아 있는 사람이 평등하게 살기 좋은 삶을 추구하고, 모든 죽은 사람이 평등하게 애도될 수 있다. 취약성, 불안정성, 박탈의 차등적 할당에 따라 더 살기 좋은 삶과 더 애도할 죽음이 구분되지 않는다. 평등을 가능하게 하는 것은 우리 존재의 취약성, 관계성, 그리고 상호 의존성이다. 삶과 죽음을 사회적으로 똑같이 인정받는 평등주의 상상계에서 우리는 서로 의존하고 모든 행위는 상호 관계 속에서 유대를 이루고 있기에 비폭력이 요구된다.

이 새로운 평등 사상은 더 풍요롭게 상상된 '상호 의존성'에서만 올 수 있다. 새로운 형태의 시민적, 정치적 삶에서 상상된 평등은 개인들 사이의 평등이 아니라 사회에 대한 집단적 평등이다. 우리를 사회적 존재로 규정하는 관계에 기반해서 평등을 만드는 것은 사회적 주장, 즉 사회에 대한 집단적 주장이다. 평등에 대한 주장이 어떻게 형성되건 그것은 사람들 간의 관계에서 등장하며, 그 관계와 유대의 이름으로 생겨나는 것이지 개별 주체의 특성으로 생겨나지 않는다. 따라서 "평등은 그것이 표명되기 위해 점점 더 공언된 상호 관계성에 의존하는 사회적 관계의 특성이다"(45).

이처럼 버틀러가 표명하는 비폭력 윤리는 특정한 정치적 상상계, 즉 평등주의 상상계와 밀접히 관련된다. 평등주의 상상계는 추측과 가정을 통한 실험적이고 잠재적인 것이지만 누구의 삶이 중요하고 또 중요하지 않은지, 누구의 삶이 더 보존되고 보존되지 않을지에 대한 우리의 숙고 한가운데서 어떻게 유토피아의 지평이 열리는지를 보여 준다. 우리의 윤리적 반성을 평등한 상상계에 두고 생각하면 이렇게 상상된 삶은 윤리적 반성에 중요할 뿐 아니라 "비폭력 실천의 조건"(77)이기까지 하다.

보존할 가치가 있는 삶과 없어도 된다고 여겨지는 삶을 구분하는 전쟁 논리를 벗어나기 위해서 비폭력은 '평등주의 정치'의 일부가 되어야 한다. 모든 삶이 애도 가능해야 한다는 요구는 모든 삶이 폭력, 체계의 유기, 군사적 말소에 놓이는 대신 존속되어야 한다는 의미이다.

> 흑인과 갈색인종 공동체에 대한 경찰 폭력, 이민자에 대한 군사 폭력, 반체제 인사에 대한 국가 폭력을 몇 번이나 정당화하는 치명적 환상막 체제에 저항하기 위해서는 새로운 상상계가 필요하다. 그것은 삶의 상호 의존을 이해하는 평등주의 상상계이다. 물론 그것은 비현실적이고 소용없을 수도 있지만, 국가 폭력을 재생산하는 인종적 환상막과 도구적 논리에 의지하지 않고 다른 현실을 존재로 만들어 줄 방법이다. 이런 상상계의 '비현실주의'가 바로 그 힘이다(203).

평등주의 상상계는 실현 불가능할 수 있지만 그 불가능성에 대한 상상력이 우리의 사고 지평을 변화시킬 수도 있다. 상호 의존이라는 공통의 토대 위에 있는 평등주의 상상계는 비폭력 실천의 조건이다. 비폭력에서 공격성은 거부되는 것이 아니라 상호 의존에 근간한 사회적 유대를 구성해, 공격성이 상호 유대를 파괴하지 않는 방식으로 폭력에 저항하고 새로운 사회 평등의 미래를 상상할 수 있다. 그 불가능한 세계는 우리의 현재 사유의 지평 너머에 존재하는 것이라서 끔찍한 전쟁의 지평도 완벽한 평화의 이상도 아니다. 그것은 열린 투쟁으로 우리의 유대를 파괴할 가능성이 있는 이 세계 안의 모든 것에 맞서 우리의 유대를 지킬 것을 요구한다. 비폭력으로 파괴를 줄이는 것이 이 세계에서 우리가 가질 수 있는 가장 중요한 확신이다.

4. 타인과 나, 그리고 (불)가능한 우리 공동체

클라우스 슈바프Klaus Schwab 세계경제포럼 회장은 코로나19 팬데믹으로 4차 산업혁명이 가속화하고 있으며 "취약 계층, 학생, 아날로그 기업 등에 대해 투자가 이뤄지지 않는다면 4차 산업혁명이 불평등을 야기할 것"(이현경 2020)이라고 주장했다. 또 각국의 기업과 정부가 자기중심적이 되고 있지만 국제 공조와 협력이 절실하다고 했다. 연세대학교 김호기 교수도 저성장, 민주주의 위협뿐 아니라 인간다운 삶의 기품을 훼손시키는 우리 사회의 불평등이 점점 구조화되고 있으며, "2020년대 대한민국의 제1의 과제는 바로 이 불평등의 완화와 해소에 있다"(김호기 2020)라고 보았다. 버틀러는 버소 출판사 50주년 행사에서 이 팬데믹은 그 자체로 위기일 뿐만 아니라 기존의 자본, 돌봄, 인종, 기후 위기를 악화시키며 이런 세계를 치유하기 위해서는 삶과 죽음의 분배에서 이윤을 취하는 시장경제에서 벗어나야 한다고 말했다. 서비스 업계에 종사하는 가난한 흑인과 갈색인종의 삶이 가장 위험에 처하게 되므로 세계적 유행병은 "자본주의 기계 한가운데 있는 죽음 충동"(Butler·Srinivasan 2020, 1:06:48)을 드러냈다는 것이다.

　　세계적으로 2008년 금융 위기 이후 가장 큰 사회문제는 불평등이며, 2011년 월가 시위는 1%가 부와 권력을 독점하는 1 대 99의 사회적 불평등을 개선하라는 저항의 몸짓이었다. 불평등은 소득과 재산의 경제적 불평등, 지능과 체력과 외모의 생물학적 불평등, 학력과 지위의 사회적 불평등 외에도 다양한 차원에서 존재하며, 코로나 위기로 불평등은 더욱 가속화될 전망이다. 기존의 빈부 격차에 더해 직급별 위계, 디지털 기술과 장비의 위계가 강화되고, 저임금 서비스업종 노동자의 삶은 현실과 심리 면에서 더 위험해진다. 노동조합과 사회보장 바깥의 여성, 청년, 노인, 소수인종, 장애인, 이주자, 복지 수급자를 포함한 프레카리아트는 말할 것도 없다.

　　현실의 차별 속에 비폭력이나 평등주의 상상계의 주장은 비현실적일 수 있다. 하지만 당장은 비현실적이고 불가능해 보여도 상상은 해 볼 수 있으며, 상상을 통해 새로운 미래의 지평을 열 수 있다. 많은 사람들이 믿고 상상하는 것은 현실의 실제 추동력이 될 수 있다. 이 상상력, 상상 가능성은 서로에 대한 윤리적 의무와, 가능한 것의 현실적 한계로서 우리가 받는 처우 너머를 생각할 수 있게 해 주기 때문에 중요하다.

　　로이드는 버틀러의 윤리학 탐구가 인간의 생산과 관련된 정치학이나 권력관계 안에 있다고 본다. 주체가 타자와 만나는 이유도 타자에 대한 윤리적 반응 때문에 자동적으로 이루어지는 것이 아니라 타자를 인간이나 비인간으로 할당하는 권력관계 속에 조직된다. 타자를 인간으로 인식하지 못한다면 주체는 결코 타자에게 윤리적으로 반응할 수가 없다. 버틀러는 "규범에 대한 정치적 저항이 윤리적 관계의 가능성을 공고히 할 방식"(Lloyd 2007, 155)이라고 보므로 정치를 제거한 윤리가 아니라 정치와 연결되는 윤리를 추구한다. 그것이 버틀러가 말하는 정치-윤리학이다.

3장

포스트 팬데믹

우울증

2020년 창궐한 코로나19는 세계적 팬데믹으로 확산되다가 정점을 지나 엔데믹으로 전환했고, 2023년 5월 세계보건기구WHO는 3년 전 선언한 국제 보건 비상사태의 해제를 결정했다. 한국 정부도 코로나 방역 규제를 해제하면서 사실상 2023년 6월부터 코로나 종식을 선언했다. 하지만 코로나 이후 많은 것이 바뀌었다. 인터넷과 스마트폰 그리고 새롭게 거의 모든 식당과 카페에 등장한 키오스크를 기반으로 혼자 모든 것을 고립된 공간에서 해결하고, 인간관계나 사회생활은 비대면 소셜 네트워크로 대체하는 일상이 대다수에게 익숙해졌다. 마스크 쓰기, 거리 두기, 손 소독, 발열 체크, QR 인증, 전화 인증의 강도 높은 일상적 방역은 사라졌지만 디지털 플랫폼 기반 비대면 산업이 급성장하면서 메타버스metaverse[30]의 발달과 4차 산업혁명이 앞당겨졌고 개인주의와 경제 지상주의는 강화되었다.

팬데믹으로 인한 백신 및 의료 접근성에 따른 코로나 디바이

---

30 메타버스는 초월을 뜻하는 '메타(meta)'와 세계를 의미하는 '유니버스(universe)'의 합성어로, 미국 SF 작가 닐 스티븐슨의 소설 『스노 크래시』(1992)에 처음 등장한 개념이다. 온라인 유저가 선택한 가상 캐릭터나 아바타로 활동하는 온라인 세계, 혹은 가상현실(VR), 증강현실(AR) 등 첨단 기술과 결합한 디지털 플랫폼 등을 의미한다. 대표적 메타버스 플랫폼인 '로블록스'에 접속하면 4천만 개의 게임이 나타나는데 게임 네트워크 세계에서 캐릭터는 친구 사귀기, 콘서트, 쇼핑 등의 문화, 경제활동이 가능하다. 국내에서는 네이버 제페토, SK 텔레콤 이프랜드가 대표적이며 가상화폐, 블록체인, NFT(non-fungible token)를 활용해 실제 소득 활동이 가능해지면서 주목받았다.

드와, 원격 근무 가능자, 필수 업무 종사자, 임금을 못 받는 자, 잊힌 노동자라는 4계급 간 디지털 디바이드는 경제와 기술 면의 불평등을 의미한다. 그리고 감염성 질병으로 인한 의료적이고 심리적인 불평 등도 심화되었는데, 코로나 백신이나 치료법 같은 의료적 접근뿐 아 니라 '코로나 블루'라는 심리적 위기에 있어서도 차별적 양상이 나타 났다. 무엇보다 코로나19가 세계적 유행병에서 지역 풍토병으로 전 환된 이후에도 우울증은 여전했다. 고도의 인공지능이 인간 노동력 을 대체하면서 야기된 경제 지각변동과 실업 위기, 인플레이션과 우 크라이나 전쟁으로 인한 생필품과 에너지의 물가 상승과 경제 위기, 사회적 불안과 문화 활동 축소로 인한 대면접촉 사회성 위기, 온라인 교류에 익숙한 개인의 고립화 위기 등은 우울증을 심화하는 요건들 이다.

　　포스트 팬데믹 시대의 가장 큰 변화는 AI 로봇 상용화와 "디지 털 독재 체제"(머콜라·커민스 2022, 51)를 앞당겼다는 점이다. 한마디로 비 용과 기술은 높아지고, 대면 관계 비율은 낮아졌다. 식당에서 키오스 크와 로봇이 인력을 대체하고, 기업과 직장에서 비대면 재택근무, 무 인 서비스가 주요 옵션이 되었다. 24시간 업무 대기 상태인 스마트폰 은 기본이고 듀얼 모니터와 웹캠, 노트북, 태블릿 PC, 대화형 인공지 능 기기 등의 전자 장비가 개인의 침실에 침입하고, 카페는 친교가 아 닌 노동과 학습의 공간이 되었다. 신자유주의 자본주의는 인간의 몸 을 쉼 없는 노동 기계라는 생산성의 관점에서 조망하는데, 코로나 이 후 가속화된 디지털 사회는 고립된 개인을 직무 능력으로만 평가하 고 모든 활동을 감시하는 반면, 인간의 몸과 감정, 사회성, 나아가 공

동체의 공공성이나 공익성은 경시한다. 모든 것을 경제 효용성과 개인의 능력주의로 재단하는 신자유주의 경쟁 시대에 코로나19로 인한 대면 관계의 약화는 포스트 팬데믹 우울증으로 이어질 수 있다. 이 장에서는 포스트 팬데믹 우울증을 논의하기 위해 버틀러의 우울증 melancholia과 애도mourning, 그리고 조증의 논의를 가져와 우울증의 의미 변화, 공적인 애도의 중요성, 그리고 조울증의 한 축인 조증의 생명 보호와 연대 가능성에 대해 살펴보고자 한다.

1. 코로나 블루, 팬데믹으로 상실한 것

슬라보예 지젝Slavoj Zizek는 코로나 바이러스 감염병 이후 거대한 경제적 위기를 우려하면서도 가장 큰 위협은 공공연한 야만, 대중적 무질서를 동반한 거친 생존주의의 폭력, 공포에 찬 린치로의 퇴행이 아니라 "인간의 탈을 쓴 야만"(지젝 2020, 108-109)이라고 말한다. 감염 위험과 관련해서 개인의 책임을 지나치게 강조해서 경제적, 사회적 시스템이라는 더 큰 문제를 흐리는 이데올로기로 작동하는 것이 인간성을 가장한 야만성이다. 우리는 의료 위기, 경제 위기, 심리 위기라는 세 겹의 위기에 처해 있고 이런 변화는 모든 것에 영향을 줄 것이다. 위기 극복의 힘을 합치기 위해 정치를 잊을 것이 아니라 정치를 적극 소환해야 한다. 따라서 지금이야말로 진짜 정치가 필요한 시기인데, 그 이유는 "연대를 위한 결단"(지젝 2020, 117)은 대단히 정치적이기 때문이다. 자크 아탈리Jacques Attali 역시 팬데믹으로 경제적 위기는

물론 대단히 심각한 사회적, 윤리적, 이념적 위기가 시작되었음을 정치가 자각하고, 이때야말로 정치가 제대로 작동해야 한다고 주장한다(지젝 2020, 148). 각자가 스스로를 돌보면서 새로운 규칙을 따를 것이 아니라, 사회경제 시스템의 변화가 필요한 이때 어떻게 어떤 방향으로 바꿀지, 또 어떤 조치가 필요할지에 대한 연대의 정치가 요구된다.

코로나 블루는 코로나19로 촉발된 비대면 환경의 결과 중 하나로 나타났다. 2021년 엠브레인 트렌드모니터가 전국 만 19~59세 성인 남녀 1000명을 대상으로 조사한 결과에 따르면, 조사 인원 중 60.2%가 평소 외로움을 느끼며, 48.6%가 코로나 블루를 경험했다고 응답했다(전혜영 2021). 그 전해의 조사와 비교해 봤을 때 코로나 블루를 경험한 사람은 35.2%에서 48.6%로 큰 폭으로 증가했다. 응답자 중 88.5%가 사회에 외로움이 만연한 것을 체감한다고 답했다. 아주대학교 병원은 2021년 상반기에 불안한 증상과 관련해서 항불안제를 처방받은 환자가 전년 대비 25% 이상 증가했다고 밝혔다.

코로나 블루는 청년에게 더 위협적이었다. 2021년 보건복지부가 발표한 1분기 「코로나19 국민 정신건강 실태조사」에 따르면 20대와 30대의 우울 위험군 비율은 각각 30.0%와 30.5%였고, 14.4%인 60대에 비해서도 두 배 이상 높았다(오주영 2021). 원래 변화 국면이나 대면 활동이 상대적으로 적은 중장년, 노년층보다 훨씬 더 왕성한 사회 활동을 했던 청년층에게 수업, 직장 등 근무 환경의 비대면 전환은 일, 공부, 휴식 간 경계를 무너뜨리고, 긍정적 정서 교류의 기회를 대폭 줄였기 때문이다. 해외여행과 유학 가능성의 제약, 직업 기회나 채용 기회의 감소, SNS 온라인 비교로 인한 자존감 저하 등도 원인이 되었다. 우울감은 무기력과 의욕 저하, 불안과 피로감, 무가치감, 알코올 의존, 불면, 공황 증상으로 이어지고 식이 장애를 동반하거나 심하면 자살 충동으로까지 이어졌다.

이 신종 바이러스 감염증에 동반된 불안, 우울, 심리적 고통은 전 세계적으로도 증가 추세에 있다. 2021년 전 세계가 코로나19 확산 이후 불안증과 우울증 유병률이 2배가량 높아졌다는 OECD 보고서가 나왔다. 한국은 코로나19 이후 우울감을 느끼거나 우울증이 나타난 비율이 15개 조사국 가운데 가장 높았다(이지혜 2021). OECD가 발표한 「코로나19 위기가 정신건강에 미치는 영향」 보고서에 따르면, 코로나 사태가 시작된 2020년 이후 세계 각국에서 불안증과 우울증 유병률이 전년보다 두 배 정도 증가했는데, 이 중 한국은 우울 증세를 보이거나 우울증에 걸린 비율이 36.8%로 조사국 중 가장 높았다. 2022년 2분기 보건복지부의 「코로나 19 국민 정신건강 실태조사」에 따르면 사회적 거리 두기 해제 후 우울, 불안 등의 정신건강 지표는 개선되었지만, 소득 감소와 고립 등 현실적인 문제로 인한 자살생각률은 더 증가했다. 조사에서는 상대적으로 30대, 여성, 소득 감소 집단, 1인 가구, 배우자가 없는 사람이 더 우울 위험이 높다고 나타났다. 코로나 위기 후에도 경제적 비관뿐 아니라 디지털 사회가 심화한 고립감과 노동 기계화에서 오는 우울감은 계속 확산 중이다.

『페미니즘의 개념들』을 보면 우울증은 상실 후에 무엇을 상실했는지 분명히 밝히지 못해 제대로 애도하지 못할 때 나타나는 병리적 반응이고, "보통 사랑하는 대상의 상실로 인해 장기적이고 병리적으로 우울감이 지속되는 상태"(여성문화이론연구소 2015, 292)를 말한다. 우울증은 상실로 인한 심인성 질환이고, 사랑하던 대상을 상실한 뒤 자기 학대와 자기 파괴 행동을 보인다. 그래서 우울증이 오면 생각의 내용이나 과정, 동기, 의욕, 관심 등 전반적 정신 기능이 저하되고 신체 활동, 행동 방식, 수면 패턴에서 비정상성과 우울감이 나타나는데, 장기간의 우울감은 활력 저하, 의욕 상실, 집중력 결여, 무기력감, 피로감이나 수면 장애, 식욕 장애, 각종 기능 장애를 동반하기도 하고, 원인 모를 신체 증상을 수반하거나 심하면 죽음에 대한 반복적 생각, 혹은 실제 자살 시도로 이어진다.

프로이트는 「애도와 우울증」에서 애도를 우울증과 구분한다. 애도는 사랑하는 사람이 죽었을 때 그 죽음에 대해 느끼는 슬픔이다. 애도는 상실에 대한 정상적인 반응이며 일정 기간의 애도가 끝나면 원래 상태로 회복된다. 그런데 애도의 슬픔이 극복되지 않아서 대인 관계나 외부 활동이 줄고 자아가 위축되는 등의 병리적 우울감은 우울증이 된다. 우울증의 심리적 특징은 고통스러운 낙담, 외부 세계에 대한 관심 중지, 사랑할 능력의 상실, 모든 활동의 억제, 자존감 약화에 따른 자책과 자기 비난, 자기 처벌 망상 등이다(Freud 1975a, 244).

애도와 우울증을 구분해 보자면, 애착 대상, 혹은 애정 대상이 죽거나 떠나서 없어졌을 때 슬픔이나 마음의 고통을 느끼는 것은 정상적 심리 반응이지만 우울증의 경우에는 주로 자신의 자아, 혹은 자존감과 관련된 변화가 특징적이다. 적극적 삶의 태도와 사회적 관심의 감소는 애도와 우울증에 공통적인 현상이지만, 우울증 환자는 특히 자기 비난을 하면서 스스로를 무가치하다고 여기거나 과도한 죄책감을 보인다.

프로이트의 설명에 따르면, 우울증은 세 가지 과정을 거쳐 나타난다. 우선 애정의 대상을 상실하고, 두 번째로 그 대상을 애도주체의 자아에 합체하면서 대상애를 자아의 구성으로 전환하고, 마지막으로 애증의 양가감정 때문에 애정을 증오나 혐오로 전환한다(여성문화이론연구소 2015, 94-95). 그래서 우울증에는 "사랑하는 대상의 상실, 양가성, 자아로의 리비도 퇴행"(Freud 1975a, 258)이라는 세 가지 전제 조건이 필요하고, 에로스 카섹시스가 '동일시로 퇴행'하는 한편, 양가성의 갈등 때문에 그 갈등과 근접한 '사디즘 단계로 복귀'하는 "이중의 변화double vicissitude"(Freud 1975a, 252)를 겪게 된다. 다시 말해 사랑하던 대상이 죽거나 떠난 뒤 사랑이 증오와 공격성으로 변하고 퇴행을 거쳐 자아를 향하는 것이다. 우울증은 초자아가 자아를 학대하는 자기 파괴처럼 보이지만, 실은 자아가 대상을 박해하는 행위이다. 그 가학적 쾌락 때문에 우울증 환자의 자기 비난은 당당하고 수치심이 없다.

프로이트는 「애도와 우울증」에서 단순한 애도의 슬픔과는 다른 병리적 '우울증'에서 사랑했던 대상을 주체의 자아에 합체하는 특별한 방식에 주목했지만, 『자아와 이드The Ego and the Id』(1927)에서는 사랑의 대상을 자아에 합체하는 것이 '이드'가 자신의 욕망을 포기하지 않으면서 자아의 성격을 형성하는 좀 더 보편적인 방법이라고 생각했다(조현준 2016, 244). 즉 「애도와 우울증」은 우울증의 병리성을 중심으로 사랑했던 대상을 자아의 내부에 합체하고, 그 합체한 대상에 대한 애증의 양가감정으로 인해 자아를 학대하고, 그것이 자아를 궁핍하게 만들어 자애감 추락이나 자살 충동 증상을 보이는 것으로 해석한다. 반면, 『자아와 이드』는 "자아의 특성이 포기된 대상 카섹시스의

침전물이고 그래서 이런 대상 선택의 역사를 담고 있다"(Freud 1960, 19)
라고 말하기 때문에 사랑의 대상이 자아를 구성하는 일반적 과정, 즉
주체의 자아 동일시 과정이나 '젠더 형성'(Butler 1990, 58)에 적합한 대상
의 내면화 방식에 초점이 놓인다.

　　우울증은 '조증mania'과 '울증depression', 양극적인 두 증상이 교
대로 발생하는 '조울증manic depression'의 형태로 나타나기도 한다. 우울
증의 가장 주목할 만한 특성은 조증, 즉 정반대 증상으로 전환하려는
경향이 있다는 점이다(Freud 1975a, 253). 조증이 모든 우울증에 나타나
지는 않지만 우울과 일정한 간격을 두고 약하게 나타날 수도 있고, 울
증과 조증의 정기적 교대 패턴으로 나타날 수도 있다. 조증 상태에서
는 기분이 비정상적으로 고양되어 충동적이고 폭력적인 행동이나 논
리적 비약이 일어나기도 한다.

　　우울증의 한 형태인 조울증은 양극성bipolar 장애 혹은 양극성
정동 장애로서, 비정상적 흥분과 비정상적 우울감이 주기적으로 반
복되는 순환성 장애cyclothymia라 할 수 있다. 조증과 우울증은 똑같은
콤플렉스와 싸우지만 우울증에서는 자아가 그 콤플렉스에 굴복한
반면, 조증에서는 콤플렉스를 완전히 굴복시키거나 밀어낸다(Freud
1975a, 254). 조증에서는 자아가 극복한 것, 그리고 자아가 쟁취한 것이
은폐되어 있을 뿐 대상의 상실을 극복한 것은 분명하다.

　　　　조증에서 자아는 **대상의 상실**(혹은 상실에 대한 애도나 대상 자체)을 극
　　복한 것이 분명하며, 따라서 우울증의 괴로운 고통을 자아에서
　　회수해 '묶어 둔' 반대 카섹시스 전부를 다른 데 사용할 수 있게

될 것이다. 게다가 조증 주체는 매우 굶주린 사람처럼 새로운 대상 카섹시스를 추구함으로써 **고통의 원인이었던 대상에서 해방되었음을 분명히 보여 준다**(Freud 1975a, 255, 강조는 필자).

프로이트에게 우울증은 상실한 대상이 불분명하거나 무의식적이라서 충분히 애도할 수 없고 그래서 자아에 대상을 합체한 결과 나타난 자기 파괴 성향이라면, 애도는 상실한 대상을 충분히 의식 속에 인지하고 일정 기간 애도의 슬픔을 표한 뒤 리비도 카섹시스를 거두어 새로운 대상으로 옮기는 정상적인 사랑의 이행 방식이다. 최근 버틀러는 특히 조증에 나타난 상실의 극복 가능성을 기반으로 자아가 우울증의 죽음 충동으로부터 자신을 보호하고 유지할 가능성에 주목했다. 대상 상실을 극복하고 대상에서 해방되어 다른 대상애를 추구할 수 있다면 조증은 내부로 온 우울증의 자아 파괴 본능에 저항해 자아를 지킬 가능성을 높일 수 있다.

2. 우울증에서 애도로: 개인의 젠더 정체성에서 공적 분노와 공적 저항으로

버틀러는 2022년 출간된 『지금은 대체 어떤 세계인가』에서 자신이 『젠더 트러블』 이후 우울증을 개인적 심리 너머로 확대해, 특정한 삶의 상실이 표시되지도 소중히 여겨지지도 않을 때 주변을 장악하는 더 폭넓은 문화 형태로 이해하려 했다고 밝힌다(Butler 2022, 90).

어떤 사람의 사랑이나 애착을 인정받을 수 없는 상황에서 그 사랑을 상실하면 그 사랑과 상실은 인정을 받지 못한다. 그것이 우울증으로 발전하는데 그 우울증에는 울증과 조증이 다 포함되고, 증상은 울증과 조증 사이에서 요동치게 된다. 미국은 자신이 죽인 사람들이 아닌 자국 시민들의 죽음만을, 가난하고 퀴어이며 흑인 또는 갈색인종인데 시민권이 없는 사람들이 아닌 재산이 있고 결혼한 백인의 죽음만을 애도한다. 이 점을 무겁게 받아들인 버틀러는 최근의 전쟁, 인간의 삶에 대한 공적인 공격, 그리고 "누구의 삶이 공적 애도의 후보가 되고 누구의 삶은 되지 않는가"라는 질문에 대해 생각하게 되었다. 육체적 일회성, 즉 폐기가능성disposability을 느끼며 산다는 것은 죽어서 그 어떤 표식도 남기지 못하고 사라지며, 인정조차 받지 못한다는 느낌으로 사는 것이다. 따라서 애도 가능성이 어떻게 불평등하게 분배되었는지를 이해하지 않고는 사회적 불평등도 이해할 수 없다 (Butler 2022, 93).

버틀러는 팬데믹 상황에서 우리의 사회적, 경제적 불평등이 더 확연히 나타나고, 유기와 탈주와 실험적 삶에 놓인 더 많은 취약한 언더코먼스undercommons[31]가 노출되지만, 또한 세계적 방향의 움직임도 나타난다고 주장한다. 그것은 누가 더 일찍 죽고 누구의 죽음을 막을 수 있으며 누구의 죽음이 중요한지에 관한 "정치적 의미와 결부

---

[31] 프레드 모튼(Fred Morten)과 스테파노 하니(Stefano Harney)의 개념으로 방치와 범죄의 지역인 동시에 보호 시설의 지역이며, 공동체와 예술의 실험이 일어나는 지역, 충분한 재정 지원 없이 만들어진 긍정의 행위 지역을 의미한다(Butler 2022, 3). 유기, 탈주, 실험적 삶으로 구성된 취약한 공동체이기도 하고 그런 취약성에 근거한 대안적 공동체이기도 하다.

된 가멸성mortality"(Butler 2022, 4)이라는 새롭고 더 예리한 의미에 기초한 움직임이다. 한국의 경우 우울증은 이에 더해 신자유주의가 추동한 능력주의가 만든 강화된 위계주의와 그 속에 승자로 편입하지 못한 대다수 개개인의 심리적 빈곤에 더해진 경제 위기와 능력 위기가 반영된다. 코로나는 경제, 기술, 의료, 심리 면에서 불평등과 계층 격차를 심화시켰고, 강화된 신분 질서는 계층 간 불평등뿐만 아니라 계층 내 불평등에도 민감하게 반응하도록 만들었다. 즉, 세계적 경제 위기와 디지털 격차로 위험과 감시는 커지고 불평등은 강화되었다. 고립된 개인은 오로지 개개인의 노력과 능력으로 생존을 도모하고, 상호 연대하는 평등 사회에 대한 지향을 상실하는데, 이 상실은 개인의 내부로 들어와 자책과 죄의식으로 나타나고 자살 충동으로도 이어질 수 있다. 우리의 고통은 사회적인 것과 정신적인 것 사이에서 지속되는 갈등 속에 상호적으로 구성된다.

평등한 삶의 가능성, 상실의 평등한 애도 가능성은 특정한 정치적 목적에 이용될 것이 아니라 폭력에 대항하는 보편적 삶의 감수성 정치로 발전되어야 한다. 폭력은 더 많은 상실을 낳고 그 결과 영원히 지속될 분노만 양산할 수도 있다. 마사 누스바움Martha Nussbaum은 인간은 나약하게 태어나기 때문에 타인 앞에 일차적 공포를 느끼며 증오, 혐오, 분노 같은 부정적 감정은 이런 공포를 먹고 자란다고 주장한다. 그래서 선에 대한 믿음, 미래에 대한 희망, 민주주의를 좀먹는 증오와 혐오와 분노에 맞서려는 결심이 필요하다고 주장한다(누스바움 2020, 36). 버틀러 역시 급진적 민주주의가 지향하는 근본적 평등을 위해 우울증의 혐오와 분노를 주체 외부로 돌려 '약자와 실패자들이 연대할 사회적 공동체'의 형성을 꿈꾼다.

　전체적으로 볼 때, 버틀러의 논의는 '윤리적 선회'를 기점으로 달라진 것도 많지만 그대로 유지되는 것도 있다.[32] 크게 보면 우울증에서 애도로 초점이 변했고, 개인의 복합적 젠더 정체성이나 자기 파괴성에서 인간의 생사에 대한 공적인 인정 가능성으로 강조점이 옮겨졌다. 여전히 변하지 않은 것은 이런 우울증과 애도의 논의에 개입하는 당대의 규범과 사회적 인정 가능성에 대한 '계보학적이고 역사적인 탐색'이다. 이성애 규범 사회의 동성애 욕망이나 지배 권력 체제 안에 가시화되지 않은 소수자가 삶을 누릴 가능성의 추구는 억압과 차별에 반대하는 '평등주의'를 지향한다. 버틀러의 '애도의 윤리학 ethics of grief'은 삶의 평등한 번영 가능성과 죽음의 평등한 공적 애도의 가능성을 주장한다.

　이성애 중심주의의 비이성애 차별에 반대하는 젠더 연구나 퀴어 이론의 관점에서 본다면, 우울증은 자아로 도피해 특정한 사랑이

32　공통된 사유와 문제의식은 평등의 관점에서 인식론적, 의미론적, 육체적 폭력에 계속 저항한다는 것이고, 역사적이고 정치적인 권력 작용을 계속 성찰하고 비판한다는 점이다. 또한 모든 인간의 보편 평등권에 입각해서 개인의 주체적 선택이 타인과 사회의 인정을 받을 평등한 권리 투쟁을 위해 함께 모이는 열린 연합과 연대의 저항을 중시한다는 것이기도 하다. 하지만 달라진 점도 있다. 개별적 젠더에서 보편적 삶의 가능성으로, 이론적 우울증 메커니즘에서 현실적 상실에 대한 평등한 애도 가능성으로 논의의 무게가 옮겨진다. 『젠더 트러블』에서는 보편성에 대해 비판적이었는데 『헤게모니, 우연성, 보편성』 이후 문화 번역의 관점으로 수용하게 된다. 『젠더 허물기』 이후 개별 젠더의 자율성은 구성적 타율성으로, 독자성은 관계성으로, 개별성은 사회성으로 중심을 옮긴다. 연대의 정치학이라는 관점을 주장하면서 서로 간의 '감정'과 더불어 공공장소에 모인 '몸들'에 주목해 모든 인간의 평등한 살 권리를 강조한다. 개인주의는 '원형적 나르시시즘(proto-narcissism)'의 수정판에 불과하며, 자신의 역량 증대 및 권력 강화 실천과 관련된 공격적이고 신경증적 집착이라고 비판된다(Das·Shankar 2021, 103). 버틀러의 윤리적 선회에서의 변화와 유사성은 조현준(2022) 285-289쪽 참고.

소멸을 피할 방식(Freud 1960, 178)이며, 주체와 사랑했던 대상이 경계를 허물 가능성, 금기를 금기의 방식으로 내면화할 가능성을 내포한다. 버틀러는 1990년 저작『젠더 트러블』에서 프로이트의 논의를 일부 수용해 우울증을 몸의 자아, 혹은 젠더화된 자아의 형성 방식으로 설명한 바 있다. 이후 1997년『권력의 정신적 삶*Psychic Life of Power*』에서 우울증을 욕망이 사회적으로 인정받지 못해서 그 죽음을 애도하지 못해 공적으로 표출되는 집단적 양상, 즉 집단적 분노나 투쟁으로 해석한다. 그것은 에이즈로 인해 죽어 간 사람들의 공적으로 인정되지 않는 삶, 그래서 상실로 공언되지 않는 죽음에 대한 사회적 분노의 행위로 표출된다. 윤리적 선회 이후 '애도 가능성grievability'은 평등한 삶의 공적인 인정 가능성에서 핵심 주제로 부각되고, 죽음조차 제대로 애도되지 못하는 성소수자 외 흑인, 난민, 전쟁 포로, 불법 체류자 등 사회적 약자들의 평등한 권리와 인정에 대한 요청으로 확대된다. 한편, 2020년『비폭력의 힘』에서는 독특하게도 우울증에 동반되는 조증을 중심으로 내부를 향한 본능적 공격성이 주체의 파괴를 벗어나 생명을 지속할 가능성에 주목한다.

애도에 대한 생각도 변하는데, 애도는 사랑하는 사람을 떠나보내는 정상적 리비도 회수 반응이라는 개인적 층위에서 확대되어, 죽음의 인정이 차별적으로 할당되는 데에 저항해 평등한 사회적 인정을 구할 공적 가능성이 된다. 애도가 발생하는 것은 그 사회가 상실을 공적으로 인정할 때이고, 우울증은 그 상실의 인정을 거부할 때 일어난다. 공적인 사회에서의 애도는 살기 좋은 삶의 평등한 가능성이고, 우울증은 살 만한 삶의 가능성에 실패할 때 나타나는 증상으로 해석되면서, 초점은 개별 우울증보다는 '사회적 애도'로 옮겨진다. 우울증 논의에서조차 공적인 표출이 더욱 중요해지는데, 정당한 애도를 할 수 없다는 정치적 분노의 사회적 표출은 우울증에 나타나는 조증으로 표현되기도 한다.

『젠더 트러블』에서 자아는 포기된 대상 카섹시스의 집적물이며 대상 선택의 역사를 담고 있어서 대상의 포기는 카섹시스의 부정이 아니라 내면화이고 따라서 보존으로 설명된다(Butler 1990, 62). 자아 안에 사랑했던 대상, 즉 사랑했으나 떠나간 상실의 대상을 보존하는 '이중 부인double disavowal'의 방식은 우울증적이라 할 수 있다. 애도가 사랑했던 대상을 잠시 내투사했다가 일정 기간의 리비도 회수 작업이 끝나면 다른 대상에 대한 사랑으로 이행하는 것이라면, 우울증은 애도에 실패해 그 대상을 자아 자체에 합체하면서 주체의 젠더 자아를 형성하는 과정이다. 사랑한 적이 없으니 상실한 적도 없다고 부정하는 동성 부모나 동성애 대상에 대한 아이의 무의식적 애착은 이성애 사회의 '동성애 금지'가 만든 보통 사람의 심리이자 자아 구성의 방식이다. 동성애 금기와 근친애 금기는 억압된 금지이고, 금지는 무의식적 애착으로 남아 그 사람의 '기질disposition'에 전제된다(Butler 1990, 65).

버틀러의 이 초기작에서 우울증은 병리적 질환이기보다는 주체가 대상을 자아 안에 보존하는 보편적 방식으로 설명되고, '젠더 우울증' 현상은 슬픔을 표현할 수 없는 젠더 수행성의 실천으로 이해된다. 상실한 애정의 대상을 내면화하는 우울증은 자아가 사랑했지만 금지된 대상이 자아로 합체되어 자아의 정체성을 구성하는데, 이성애적 근친애 욕망의 상실은 슬퍼할 수 있지만, 동성애적 근친애 욕망의 상실로 인한 슬픔은 표현될 수조차 없어서 우울증의 구조로 유지된다. 근친애는 드러내 금지되지만 동성애는 무의식으로 배제되기 때문이다.

> 물론 근친애 금기가 동성애 금기보다 더 포괄적이긴 하지만, 이성애적 동일시가 확립되는 이성애적 근친애 금기의 경우, 상실은 슬픔으로 태어난다. 그러나 이성애적 동일시가 확립되는 동성애적 근친애 금지의 경우, 상실은 우울증의 구조를 통해 유지된다(Butler 1990, 69).

『젠더 트러블』에서 우울증은 병리적 양상이라기보다는 주체가 사랑했지만 상실한 대상을 주체 내부에 합체하는 과정으로 자아나 젠더 구성의 방식으로 설명된다. 자아가 타아를 자신의 구조 안에 합체할 때 대상과의 나르시시즘적 동일시는 성애적 카섹시스를 대체한다. 이때 아이에게 동성 부모는 애정의 대상으로 금지될 뿐 아니라 금지된 대상으로 내면화된다. 이 금지는 아이의 동일시나 정체성으로 이어질 수도 있고, 동일시가 거부되어 욕망으로 남을 수도 있다. 그 결과 동성의 애정 대상과 동일시하고, 동성애 카섹시스의 목적과 대상을 둘 다 내면화할 수도 있다. 결국 금지는 금지되지 않고 금지로 보존된다.

> 일련의 허가와 금기로서의 자아 이상은 남성적 동일시와 여성적 동일시를 규정하고 결정한다. 동일시는 대상관계를 대체하

고 또 동일시는 상실의 결과이기 때문에, **젠더 동일시는 금지된 대상의 성이 금지로 내면화되는 일종의 우울증이다.** 이러한 금지는 분명하게 젠더화된 정체성과 이성애적 욕망의 법을 허가하고 또 규정한다. **오이디푸스 콤플렉스의 해결은 근친애 금기를 통해, 또한 그 이전에 동성애 금기를 통해 젠더 정체성에 영향을 미친다**(Butler 1990, 63, 강조는 필자).

금기는 젠더 형성에 중요하게 작용하지만 모든 젠더 동일시가 다 성공적인 동성애 금기에 기반하는 것은 아니다. 젠더 정체성은 무엇보다도 정체성을 형성하는 '금기를 내면화'한다. 그리고 이런 정체성은 그 금기의 지속적 적용 때문에 구성되고 유지된다. 사랑하던 대상이 이별, 죽음, 혹은 감정적 유대의 단절을 통해 상실되고 나면 정신분석학적 금지의 명령에 따라 젠더 동일시의 우울증은 '도덕적 명령의 내면화'가 된다. 동성애 금기는 이성애적 근친애 금기에 선행하고 이로 인해 거부가 내면화된 기질은 동성애 금기라는 '법의 결과물'이 된다. 같은 논리로 우울증적 이성애의 기저에는 부인된 동성애가, 우울증적 동성애의 기저에는 부인된 이성애가 있다. 내 안에 상실했으나 떠나보내지 못한 대상이 있듯 이성애 안에 동성애가, 동성애 안에 이성애가 이중 부인의 방식으로 이미 들어와 있다.

브랜디와 쉬라토에 따르면, 프로이트의 오이디푸스 단계 이론에 대한 버틀러의 관심은 두 가지 문제와 관련되는데, 하나는 동성애 금지의 문제이고 다른 하나는 이성애와 우울증의 관계이다(Brandy·Schirato 2011, 53). 첫 번째는 프로이트가 아동의 발달 단계에 대

한 설명에서 근친애의 욕망 이전에 있던 동성애 욕망을 제대로 표명
하지 않았다는 비판이다. 즉 이 비판은 남성적 기질은 어머니에 대한
욕망이고, 여성적 기질은 아버지에 대한 욕망으로 보아 양성성을 '하
나의 심리 안에 있는 두 개의 이성애 욕망의 공존'(Butler 1990, 61)으로
해석했다는 논의와 관련된다.[33] 두 번째는 상실을 받아들일 수도 슬
픔을 해소할 수도 없는 우울증을 병리적 증상으로 보기보다는, '상실
한 대상과의 우울증적 동일시가 애도의 전제 조건'(Butler 1990, 62)이라
는 입장을 받아들인다는 점이다. 우울증과 애도는 대립적이라기보
다는 애도의 슬픔 과정에서 내적으로 연결된다. 모든 동일시가 애도
의 결과라고는 할 수는 없지만, 모든 애도 상태는 동일시의 양상을 일
부 포함한다(Brandy·Schirato 2011, 54). 동일시는 금지와 욕망을 동시에 포
함하고, 그 과정에서 애도되지 못한 욕망의 상실을 몸으로 구현한다.
그래서 아들의 아버지와의 동일시에는 아버지에 대한 애도되지 못한
사랑이 유령처럼 떠돈다. 다른 남자를 사랑하지 않아야 남자가 될 수
있다면, 그 아이가 남자로 존재할 수 있는 것은 "다른 남자를 사랑할
수 없을I may not love a man" 때이므로 특정한 사랑의 금지가 주체의 존재
론적 진실을 확립한다(Butler 2004a, 199). 이에 따라 동성애를 금지하는
이성애 규범성이 남성성 젠더를 생산한다.

　　이런 우울증적 젠더 논의는 『권력의 정신적 삶』에 이르면 수
행성과의 관계를 더 발전시키면서 공적인 퍼포먼스, 행동의 표출, 시

33　프로이트는 최초의 양성성을 가정하면서도 이성애적 욕망의 모태라는 관점에서 정상
적 섹슈얼리티를 강조한다. 따라서 이 양성애는 남자아이가 여자와 남자에 대해 갖는
두 개의 욕망이 아니라 '남자로서 여자를, 또 여자로서 남자를' 욕망하는 한 개의 이성
애적 욕망으로 설명된다(조현준 2016, 250).

위 같은 사회적 현상에 주목한다. 젠더 동일시가 우울증적 동일시를 통해 생산된다면, 동성 부모와의 동일시 및 이성애 규범적 젠더 동일시는 우울증적 동일시일 수 있다. 애도의 슬픔은 부인된 대상으로서 자아에 합체된, 사랑했던 대상과의 우울증적 동일시에서 오고 젠더 동일시는 우울증적 동일시를 통해 생산된다(Butler 1997, 134-135). 동성애 욕망을 '살 만하지 않은 열정unlivable passion', '애도할 수 없는 상실ungrievable loss'로 본다면, 상실을 공언하지도 애도하지도 못해서, 사랑의 대상을 내부로 동일시하는 것이 우울증적 정체성이다. 동성애 금지 때문에 남자가 남자에 대한 사랑을 포기하고 그 욕망을 남성성으로 합체할 때, 이 남성성에는 '슬퍼할 수 없는 사랑이 유령처럼 출몰'(Butler 1997, 138)할 것이다. 규범적 남성성은 여성성과의 부인된 동일시일 뿐 아니라 '동성애적 상실이 해소되지 못한 슬픔'이 된다.

『권력의 정신적 삶』의 5장인 「우울증적 젠더/거부된 동일시」에서 버틀러는 『젠더 트러블』과 달리, 개인적 상황보다는 애도를 거부당한 사람들이 집회와 시위를 통해 '분노와 투쟁의 수행성'을 보이는 우울증의 한 측면을 강조한다. 다시 말해 이전의 우울증 논의가 금지의 방식으로 성애 경향이 젠더 정체성으로 변하는 개인의 차원에 국한된다면, 이 책은 특정 성애의 문화적 금지가 야기하는 젠더 우울증 문화에 주목한다. 이성애 사회가 동성애적 욕망을 금지할 때 금지된 동성애 욕망은 애도되지 못해서 우울증으로 발현될 수 있다. 그것이 바로 '젠더 우울증 문화'이다. 이 우울증은 문화적으로 지배적인 금지가 강제하는 상실로 인해 발생하는데, 동성애 금기가 문화를 통해 반복되고 의례화된 금지를 통해 촉발되고, 그렇게 형성된 이성애 규범

적 젠더 우울증 문화에서 남성성과 여성성은 애도되지 못한 사랑, 즉
'동성애적 사랑의 흔적'으로 남는다. 동성애적 애착에 대한 인정의 거
부에 근간한 정체성, 즉 '부인된 슬픔disavowed grief'에 토대한 정체성은
이성애 중심 규범과 동성애 금지를 통해 형성된다.

> 문화적으로 지배적인 일련의 금지에 의해 어떤 상실이 강제된
> 다면, 문화적으로 지배적인 우울증 양식을 예상해 볼 수 있을
> 것이다. 즉 애도되지 않고, 애도될 수 없는 동성애적 집중을 가
> 리키는 것으로 지배적인 우울증 양식을 예상해 볼 수 있을 것이
> 다. 이러한 상실을 명명하고 애도할 수 있는 공적인 인식이나
> 담론이 없는 곳에서 우울증은 동시대적 결과의 문화적 영역을
> 떠안는다(Butler 1997, 139, 강조는 필자).

이제 우울증은 동성애 금지 문화로 인해 사회적으로 인정받지
못한 욕망이 표출되는 '젠더 우울증의 문화'가 된다. 상실을 애도할
'공적인 인식이나 담론'이 없어서 공적으로 애도하지 못한 우울증의
외적 발현은 분노를 표명하는 공적 시위로 나타나기도 하고, 그 에너
지가 내면화되면 초자아의 규범, 내적 도덕성으로 나타나 자아를 학
대하고 자살을 유발하기도 한다. 동성애적 애착을 인정하지 않는 이
성애적 규범 때문에 금지된 동성애 애착이 사랑한 적도, 상실한 적도
없다는 '이중의 부인never-never'으로 젠더 문화를 형성하고, 젠더 안에
이미 들어와 있는 이성애 문화 규범의 동성애 금기를 '금기로서 내면
화'하는 '젠더 우울증 문화'가 발생한다.

　　이성애 규범 속 특정 애착의 인정 거부와 슬픔 거부를 토대로
하는 정체성은 개인만의 문제가 아니라 문화의 지배를 받는 젠더 우
울증 문화가 된다. 동성애 금지가 지배적 문화가 되면서 금지는 동성
애적 사랑의 상실과 부인을 가져오고 그런 금지가 문화 속에서 반복
되고 의례화되어 젠더 우울증 문화를 형성한다. 젠더 우울증 문화에
서는 남성성과 여성성이 '애도하지 못했고 애도할 수도 없는 사랑의
흔적'으로 등장한다. 실제로 이성애 토대 안의 남성성과 여성성은 그
들이 행하는 동성애 거부repudiation를 통해 강화된다(Butler 1997, 140).

　　문화적 우울증은 젠더가 해소하지 못한 슬픔을 '액팅 아웃acting
out'하고 이를 외부의 행위로 표현한다. 특히 1990년대 당시 에이즈의
확산으로 인해 많은 에이즈 환자들이 줄줄이 사망하던 가운데에서도
이들을 애도할 공적인 행사나 언어를 찾지 못했던 고통이 공적인 시
위의 방식으로 표현되었다. 동성애적 사랑과 상실이 관련된 불확실
성uncertainty을 생각할 때, 동성애 욕망의 상실은 표명도 해소도 될 수
없다는 '이중의 불가능성'이 실제 삶을 사는 인간의 몸에 영향을 준
것이다. 이런 공적인 시위는 동성애의 사랑과 상실이 진정한 사랑과
상실, 애도할 가치가 있고 애도할 수 있고 삶이 겪어 낼 수 있는 사랑
과 상실인지, 아니면 사랑한 적도 상실한 적도 없다고 부인하는 '비현
실적 유령the specter of a certain unreality'(Butler 1997, 138)이 출몰하는 사랑과
상실인지를 묻고 있다.

　　이런 문화적 우울증 속에 드랙 퍼포먼스는 젠더가 수행되는
방식뿐 아니라 그것이 집단의 관점에서 어떻게 재의미화되는지를 생
각하게 한다. 드랙 공연자는 공동체 속에 살고, 거기에는 강한 의례

적 연대ritual bond가 있다. 그것은 유색인 공동체 안의 젠더 소수자가 만들 수 있는 '사회적 유대의 재의미화resignification of social bond'를 인식하게 한다. 드랙 공동체 안에서 보이는 환상적 문화 생활은 삶의 물질적 조건을 형성하고 인정이 가능한 공동체의 지속적 연대를 유지한다(Butler 2004a, 216). 특히 액트 업ACT UP(AIDS Coalition to Unleash Power)과 퀴어네이션Queer Nation의 '다이 인die-in' 시위는 그 참여자들이 시체처럼 집단적으로 거리에 드러눕는 방식으로 이루어지며, 살아 있는 퀴어들을 이미 죽은 사람인 양 여기는 이성애 규범성에 대한 저항을 거리에서 온몸으로 보여 준다. 규범적 성의 물질화가 부인한 것이 무엇인지 계속 수행성으로 행위하고 연출하여 보여 주는 우울증의 사회적 표명 양식의 하나인 것이다.

　　　게이 우울증은 끝없는 상실을 공적으로 인정하는 방법으로서 죽은 자의 이름을 공동체의 공론장에서 반복해서 호명하고 이를 의례화하는 것으로 표출된다. 슬픔이 말할 수 없는 것으로 남는다면, 그 상실에 대한 분노도 공적으로 표명되지 못해 증폭될 것이고, 이런 분노의 공개적 표명이 금지된다면 금지로 인한 우울증 효과는 자살과 양적으로 비례할 것이다. 공적으로 상실로 명명되거나 인정되지 못하여 결국 애도되지 못한 우울증이 동성애 안에 작동하는 방식을 다시 생각해 보아야 한다. 남성성, 여성성의 젠더로 수행된 것은 그 사회에 만연한 동성애 거부를 알리는 기호이자 증상이다. 이 우울증적 거부는 '애도될 수 없는 상실'이고 여기에는 '정치적 공론화'가 필요하다.

122

그러나 게이 우울증은 정치적 표현으로 해석될 수 있는 분노도 포함한다. 에이즈로 사망한 사람들의 **슬픔에 대한 끈질긴 공론화와 정치화**가 지속된 것은 바로 이렇게 만연한 게이 우울증(언론이 울증이라 일반화한 것)의 문화적 위험에 저항하기 위해서다. 대표적 예로 '네임스 프로젝트 퀼트the NAMES Project AIDS Memorial Quilt'가 있는데, 이는 **끝이 없는 상실을 공적으로 인정하는 방법으로** (에이즈로 죽은 이들의) **이름을 반복하고 의례화한다**(Butler 1997, 147, 강조는 필자).

우울증이 애도되지 못한 상실의 결과라면, 슬픔의 액팅 아웃은 '인정받지 못한 상실unackowldeged loss'의 문제와 연결된다. 드랙을 수행성으로 표현하는 과정에서 애도되지 않은 상실이 있다면, 그것은 수행된 동일시 속에 거부된 대상의 상실이며 그 상실은 젠더화된 이상화를 반복한다. 드랙의 연출은 그 연출이 공공연히 슬퍼할 수 없는 상실을 알레고리화하거나, 대상을 합체하는 방식으로 환상을 알레고리화한다. 드러내 슬퍼할 수 없는 상실이 우울증으로 남는다면, 진정한 레즈비언 여성의 우울증은 엄격한 이성애 여성적인 것으로, 진정한 게이 남성의 우울증은 엄격한 이성애 남성적인 것으로 표현될 수 있다. 그러나 슬픔의 공개적 표명을 금지한다면 슬픔은 분노로 증폭되어 자살로 이어질 수 있다. 퀴어들의 공적 시위는 문화적으로 금지된 애도가 가져올 끔찍한 결과에 대응해 삶을 긍정하려는 노력인데, 이는 우울증 안에서 삶을 지속시키는 '조증'의 가능성으로 해석될 수 있다.

에이즈 활동가 더글러스 크림프Douglas Crimp는 도덕주의가 우울증의 증상이라고 주장한다. 에이즈가 사망자를 통해 오히려 동성애를 받아들이게 했다는 도덕주의는 우울증의 하나이고, 스스로 거부해 온 동성애 혐오와도 같은 것이다.[34] 동성애자들은 사랑했던 사람에 대한 합당한 애도가 거부된 경우, 슬픔을 분노로 바꾸고 완성하지 못한 애도를 호전적 투쟁으로 바꾼다. 여기엔 살아남았다는 '죄책감'과 죽지 않겠다는 '분노의 투쟁 의지'가 동시에 들어 있는데, 이는 울증과 조증이 교차되는 양상 혹은 우울증 속 조증의 투쟁 양상이라 할 수 있다.

에이즈 감염자들이 죽음과 질병으로 고통받는 동안 사회는 질병의 희생자들을 돕거나 그 고통을 인정하기는커녕 이들을 비난하고 조롱했다. HIV 감염을 이유로 사람을 차별하고 직장에서 해고했으며 이들의 각종 보험 자격을 정지시켰다. 동성애 혐오적 사회가 애도를 방해하고, 또 자신도 죽을지 모르기 때문에, 에이즈에 걸린 남성 동성애자들은 사랑했던 사람의 죽음에 대한 애도를 성공적으로 완수해 낼 수 없었다. 에이즈 위기와 함께 남성 동성애자가 상실한 것은 사랑하는 이들만이 아니라 특정한 성적 가능성의 문화이기도 하다. 에

---

34   2000년 남아공의 국제 에이즈 대회에서 에드윈 캐머런은 소수의 감염인만 비싼 에이즈 치료제를 구할 수 있고 나머지 다수는 목숨을 잃어야 하는 불평등한 상황을 비판했는데, 3개월 뒤 언론인 앤드루 설리번이 제약 회사를 옹호하고 나서면서 회사가 이윤을 내야 신약도 개발할 수 있다고 캐머런에게 반박했다. 치료제가 제한적으로 공급되는 불공평한 상황을 문제 삼는 것은 현실을 직시하지 못한 채 책임 없이 성의 쾌락만 추구하는 미성숙한 태도이며, 혐오는 차이에 대한 두려움일 뿐 동성애 혐오자들도 에이즈 때문에 동성애를 받아들이게 되었다는 주장이다. 더글러스 크림프는 이런 설리번이야말로 도덕적 이유로 자기 비난을 일삼는 우울증 환자라고 파악한다(크림프 2021, 18).

이즈로 사망한 대다수 젊은 남성 동성애자는 무방비 상태에서 상상할 수도 없는 상실을 경험하고 있는데도, 이를 두고 도덕주의를 끌어와 자기 비난을 하는 것은 일종의 우울증이라 볼 수 있다.

에이즈 활동가들의 고통은 사회가 가하는 외부적 폭력에서도 오지만, 활동가 내부에서 작동하는 폭력에서도 온다. 즉 내부의 우울증, 죽음 충동, 혹은 무의식 속에 해소되지 않고 남아 있는 갈등에서 올 수도 있다는 것이다. 크림프는 끔찍한 고통을 주는 폭력이 존재하는 한 계속 투쟁에 참여해야 한다는 것만큼은 분명하다고 주장한다. 투쟁은 마땅히 중요하지만 애도도 그만큼 중요하므로 그에게 간절한 것은 '애도'와 '투쟁militancy'이다(크림프 2021, 215).

이제 애도는 사적인 슬픔에서 공적으로 죽음을 인정할 가능성의 불균등한 분배라는 정치적 차원으로 확대된다. 2004년『젠더 허물기』나『위태로운 삶』이 출간된 이후 '애도 가능성'은 살 만한 삶의 가능성livability만큼이나 중요한 평등의 요건으로 꾸준히 제기된다.『여전히 몸이 문제다Bodies That Still Matter』(2021)에서 버틀러는 애도의 슬픔이 공적인 저항과 관련되며, 애도 가능성은 삶의 필수적 조건이라고 주장한다. 유기, 질병, 죽음에 대한 '몸의 차등적 노출'은 인간 삶의 애도 가능성을 규제하는 권력의 영역에 속하기 때문이다. 취약성이 저항의 방식으로 정치적 요구를 형성하는 과정에 합체되고 표명되듯, 애도 가능성은 특정 인구가 지배 권력 체제 안에서 재현되고 처우받는 방식을 말한다. 상실을 인정하려는 모색은 수행적 저항의 실천이므로, 삶의 상실은 모두 다 애도 가능해야 한다.

무엇보다 애도와 애도 가능성은 '평등을 위한 필수 조건'(Butler

2021, 188)이다. 특정 인구가 사회적으로 죽은 것이라면, 또는 죽음정
치의 인식과 실천에 지배당한다면, 그런 조건에서 특정 인구는 죽더
라도 애도될 수가 없다. 사람의 애도 가능성을 지배하는 근본적 불평
등은 생명정치성the biopolitical 부분이거나, 생명정치성이 죽음정치성
necropolitical으로 전환되는 지점일 것이다(Butler 2021, 190).[35] 권력은 생
명과 신체의 일상적 활동에서 규범으로 작용하지만, 살아도 되는 인
구와 죽어야 하는 인구를 결정하는 방식에도 개입한다. 애도 가능성
에 대한 급진적 주장은 "수행적 반항performative defiance"(Butler 2021, 190)
을 일으켜 초불안정한hyper-precarious 삶에 저항하는 형식을 만들 수 있
다. 수행적 반항은 특정 성애의 금지만이 아니라 전쟁 포로처럼 인권
이 정지된 상태, 국가 없는 무국적 난민, 팬데믹이 심화한 각종 불평
등 양상 속에 죽음과도 같은 삶을 사는 삶, 다른 것으로 대체되어 언
제든 폐기 가능한disposable 삶, 죽지 못해 사는 삶에 대해, 또 갑작스런
폭력, 상해, 억류, 차등적 죽음 등에 민감하게 반응하는 저항의 형식
이다. 애도 불가능성에 저항하는 몸은 정치적 스캔들로서 공적인 장
에 출현한다.

　　사람들의 죽음이 애도되고 애도 가능성의 특성을 확보하는 것
은 그들 삶의 부당함이 국가정책 속에 인정되고 구현되는 만큼만 가

35　푸코에게 생명정치권력이란 특정 인구군은 살려 내고 특정 인구군은 죽게 내버려두
　　는 규율 권력이다. 이는 사람의 생사여탈권을 흔드는 절대자의 주권 권력과는 달리,
　　살게 두되 삶의 가능성을 차등적으로 제한하는 통치 권력으로 죽음정치 권력과 연결
　　되어 있다. 음벰베의 죽음정치 논의를 가져와 보면, 지중해의 버려진 이주민들은 유
　　럽 각 정부의 구조 거부 결정과 사실상 그들을 죽게 내버려둔 정책의 결과라고 말한
　　다. 이들의 애도 가능성은 인정받지 못해서 그 죽음이 상실로 인정되지 못한다. 이들
　　은 이미 죽은 존재, 살아 있던 적 없는 존재, 생명권을 부여받은 적 없는 존재로 간주
　　된다(Mbembe 2003, 11-40).

능하다. 삶의 상실과 상실의 공포를 막으려는 노력은, 살아 있는 동안 삶이 사회적으로 인정되고 죽은 뒤에 죽음이 공적으로 인정될 때 가능하다. 또 삶과 죽음을 인정하는 조건은 한 개인에 국한된 것이 아니라 공동체, 네트워크, 관계망들, 지역적이고 종교적인 제도, 국가적이고 국제적인 권위라는 상호 주체적 영역에서 확립되고 유지될 때 가능하다. 그러나 인정을 위해 확립된 조건이 없을 때 상실의 인정을 구하는 것은, '수행적 저항의 실천practice of performative defiance'이다. 이 실천은 폐기 가능하고 애도 불가능하다고ungrievable 간주되는 사람들의 실존과 살아 있음을 주장하기 위해 우울증의 규범을 뚫고 나아가려는 것이다. 이런 형태의 사회적이고 실존적인 연대는 '공적인 슬픔'의 수행적 차원을 활성화시킬 수 있다.

> 이는 "우리는 존재한다!"나 "우리는 여전히 존재한다!"는 호전적인 실존의 선언 형태일 수 있다. 동시에 상실한 사람들을 애도하는 공적인 행위, 공적인 공간과 시간으로 들어가는 행위를 생산하는 형태일 수도 있다. **애도를 못 하게 하는 우울증의 금지에 대항하고 애도 가능한 사람들의 공간과 시간의 새로운 형태를 시작하면서 말이다**(Butler 2021, 186-187, 강조는 필자).

소포클레스의 영웅 안티고네가 오빠 폴리네이케스의 시신 매장을 위해 자신의 목숨을 걸었듯 죽음의 공적인 인정이라 할 애도는 평등한 인간의 보편 권리다. 따라서 공적인 애도를 못 하게 하는 우울증적 금지는 우리가 함께 저항하고 대항할 대상이다. 모든 삶이 다

똑같이 애도 가능한 것은 아니라고 말할 때, 우리는 평등한 애도 가능성의 이상이나 척도를 상정하게 된다. 그 평등의 개념에는 인간의 죽음에 대한 애도 가능성이 사회적 권력의 차별적 기제와 관련된다는 의미도 있고, 우리가 애도 가능성을 평등주의의 기준이라는 사회적 속성으로 생각하기 위해 평등 사상을 수정해야 한다는 의미도 있다. 평등한 애도 가능성이나 애도 가능성의 평등한 속성을 말하지 않는다면 평등에 대해 말하는 것이 아니다. 애도 가능성은 평등에 반드시 필요하다. 그것은 사회와 경제 두 영역에 다 속하면서도 사회적 불평등과 경제적인 불평등의 계산값으로는 인정되지 않는 불평등의 차원이다(Butler 2021, 188).

　　중요한 것은 나의 몸, 너의 몸이 아닌 우리의 몸, 관계적 몸이다. 몸은 자산으로 평가될 수 없고 그 경계가 고정되어 있지도 않다. 우리가 추구할 자유는 개개인의 것이 아니다. 우리의 몸이 나 아닌 다른 몸, 삶의 과정, 지원의 네트워크에 의존한다는 점을 받아들인다면 개개인의 몸은 완전히 다른 것이 아니라 서로 연결되어 관계를 맺고 있다는 것을 알 수 있다. 몸은 상호 의존성에 의해 규정되고, 이 한 몸은 다른 몸 없이는 존재할 수 없다. 어떤 몸도 자족적이거나 자생적이지 않다. 몸의 경계는 위험에 노출된 장이지만 동시에 관계성의 벡터다. 접촉, 흥분, 열정, 학습 가능성을 포함해서 생존하기 위해, 또 번영하기 위해 나의 몸은 너의 몸에 의존한다. 우리는 '취약성'으로 묶여 서로에게 지구적 의무의 토대가 되는 사회관계 속에 있고, 내가 살기 위해 나는 네가 필요하다. 우리의 평등은 서로에 대한, 또한 전 세계적인 생명 지속 조직에 대한 우리의 '상호 의존성'으로 묶여 있다.

캐서린 밀스Catherine Mills는 버틀러의 취약성 개념이 최근 페미니즘의 윤리학이나 정치철학 개입에서 중요한 참조점이 되었다고 지적한다. 처음부터 한 명의 주체가 다른 한 주체, 혹은 주체들에게 주어지는 한, 주체성에 반드시 수반되는 '취약성'을 인정하는 것이 윤리적으로, 또 정치적으로 중요하다는 것을 버틀러가 후기 저작에서 입증했다는 것이다. 버틀러에게 불안정함이나 불명확opacity으로 나타나는 '보편적 취약성universal vulnerability'은 언제나 몸의 상호 의존성이나 주체성의 토대가 되는 '근본적 관계성'과 연결되어 있다. 버틀러에게 보편적 취약성은 인간이 된다는 것 자체에 수반되는 것으로 일종의 '규범적 힘normative force'을 가지고 있다.

우리의 관계적 육체성에서 등장하는 것이 '일차적 취약성primary vulnerability'이며 이것은 윤리학의 핵심적 동기를 제시한다. 일차적 취약성에는 '상황적인 취약성situational vulnerability'이 예견되는데, 이는 인간으로서의 존재론적이고 보편적인 취약성이, 우리 각자가 처음부터 타인 앞에 주어지는 방식을 알려 주기 때문이다. 주체가 타인에게 주어진다는 공통된 상황 때문에, 우리는 자발적이고 합리적인 동기가 부여된, 완전히 자각적인 행위 주체라는 도덕적 이상을 획득하는 데 실패한다. 그런 '실패'는 윤리학을 향한 노력을 좌절시키는 것이 아니라 결국 새로운 윤리학을 만든다(Mills 2015, 42).

불안정함과 불안정성도 몸을 가진 인간 삶의 '보편적 취약성'과 착취, 불의, 폭력에 위험이 더 많이 노출된 일부 사람들의 '상황적 취약성'과 연결된다.[36] 존재의 사회적 안정성이 박탈된 특정한 불안정성의 상태, 혹은 프레카리티는 현실의 삶에서 '불안정의 차등적 분

배'(Butler 2009, 31)를 의미하며, 이런 상황적 취약성이, 정치적 우선순위
가 불안정한 삶인 프롤레타리아트precaious prolerariat, 즉 프레카리아트
precariat라는 위태로운 비정규직 노동자 계급을 낳는다. 평등과 정의
를 향한 규범의 기여와, 보편적 취약성이나 불안정한 실존 상황 속 인
정 간의 연결을 주목한다면, 불안정함의 규범적 힘과 불안정성의 정
치적 개입 간의 관계도, 또 왜 불안정함이 이런 규범적 힘을 갖는지도
알아야 한다. 불안정함의 인정에는 '평등주의'에 대한 약속이 있으므
로 불안정함은 대안적 규범성으로 이어질 수도 있다. 이 규범의 약속
은 불안정함으로 인해 시작되지만 꼭 불안정함 때문에 생긴 것은 아
니다.[37]

　　버틀러는 불평등한 현실의 상황인 불안정 상태를 극복할 필요
를 주장하는 한편, 취약한 주체의 상호 의존을 공언하는 '평등주의의
연대'로 불안정을 최소화할 '전 지구적 의무global obligation'(44)[38]도 주장
한다. 불안정함은 공동체의 유대를 만들고 지구상에 공동 거주하는
구성원이 사회적 의무를 만드는 토대면서, 동시에 이 전 지구적 의무
의 목표는 불안정함과 그로 인한 불평등한 분배를 최소화하는 것이
다. 이로 인해 불안정함과 불안정성은 서로 현실적으로 강하게 연결

---

[36]　일차적/상황적 취약성과 보편적/차등적 불안정성은 버틀러에게 정치와 윤리로 접합
　　될 보편적 연대의 기반이기도 하고, 특정한 삶들이 연대해 극복해야 할 불평등과 궁
　　핍의 차등적 조건이기도 하다. 보편 존재가 갖는 '불안정'의 존재론적이고 추상적이
　　고 실존적인 상황과, 특정 사안에 따라 다른 '불안정 상태'나 '불안정성'의 정치적이고
　　사회적이고 현실적인 상황에 대한 개념적 구분에 대해서는 조현준(2009) 190-191쪽,
　　199-200쪽을 참고.

[37]　"개인주의 존재론을 의문시하는 일반화된 불안정의 가정이 특정한 규범의 결과를 직
　　접 포함하지는 않지만 은연 중에 함축하고 있다"(Butler 2009, 33).

[38]　이 장에서는 『비폭력의 힘』의 출처 표기에 한해 면수만 기재한다.

되어 있고 때로 융합되기도 한다. 보편적이고 공통된 인간의 특성으로서 평등하게 배분된 불안정함의 지점과, 상황적이고 특정한 정치 조건 때문에 불평등하게 배분된 불안정성이나 불안정 상태는 구분된다. 하지만 불안정성의 불평등한 분배에 대한 해답은 '보편적 불안정함과 일차적 취약성의 연대'에 기반한 '평등주의'의 약속이다.

이제 애도는 단순한 상실에 대한 반응의 문제가 아니라 모든 인간의 보편 윤리의 토대이자 평등주의의 기반이 된다. 모든 생명이 죽음 앞에 평등하게 애도될 수 있다면, 새로운 형태의 평등이 도입되어 경제적이고 제도적인 삶의 거버넌스와 관련된 사회적 평등을 이룩할 수 있다. 이것은 국가의 온정주의적 권력을 강화해서 취약한 사람을 구분해 보호하는 것과는 근본적으로 다른 방식이다. 모든 생명은 평등한 삶의 가치를 가지는 만큼 그 죽음에 대해서도 평등한 애도가 가능해야 한다.

3. 나를 파괴하는 폭군에 저항하기, 조증과 비판력

2020년에 출간된 『비폭력의 힘』에 이르면 우울증은 자아에 대한 파괴적인 공격성이자 자아 보존에 위협에 되는 죽음 충동의 위험으로 분석된다. 프로이트는 『문명 속의 불만』에서 기존의 사디즘, 공격성, 맹목적 분노blind fury, 사도마조히즘, 파괴성 논의를 통해 죽음 충동을 공식화하면서 복잡한 유대 관계를 만들 힘 에로스Eros와, 그 유대 관계를 파괴할 힘 타나토스Thanatos를 이원적으로 대립시켰다.

반복된 파괴 충동이 외부화되면 전쟁을 일으키고 타인의 생명을 파괴할 가능성이지만, 내부화되어 자신에게 작용할 때는 개인의 사회적 유대를 약화시키고 자살을 불러올 정도의 자기 파괴를 가져올 수도 있다. 죽음 충동은 전쟁과 타살을 일으키는 만큼 자살도 유발할 수 있는 것이다.

프로이트가 『문명 속의 불만』에서 주목한 공격과 자기 파괴 본능도 타인에게 적용될 수 있는 만큼 자기 자신에게도 작용할 수 있다. 외상 후 장면에서 반복되는 파괴는 사회 유대를 약화시키고 자살이라는 자기 파괴도 가져온다. 『쾌락원칙을 넘어서*Beyond the Pleasure Principle*』(1920)에서 죽음 충동은 성 충동에서 비롯되지 않는 별개의 것으로 논의되는데, 이런 충동은 사도마조히즘에서 자기 파괴와 타인의 파괴를 동시에 가져올 수 있다. 죽음 충동은 공격성이나 파괴 개념과 연결되어 외부로도 내부로도 분출되므로 이 파괴 충동은 외부의 사회 결속을 파괴할 수 있고, 내부의 인간 심리를 파괴할 수도 있다. 파괴에 저항하기 위해서 압제를 거부하고 규범화의 현실 원칙을 거부하는 우울증, 다시 말해 '조증과 울증이 겹친 구조imbrication'를 소환해야 한다. 인간의 파괴 능력은 주체의 양가적 심리 구성에서 오므로 파괴성을 통제하고 자아를 보호하기 위해 조증이 필요하다.

양대 대전 사이, 전운이 감도는 중에 전쟁을 막을 방법을 묻는 아인슈타인의 편지에 프로이트는 답신한다. 그는 집단 심리에 근거해서 전쟁을 막을 세 가지 방법은 첫째, 국가주의라는 흥분에 저항하고, 둘째, 유기체라는 인류의 '유기적' 토대에 주의를 기울이며, 마지막은 에로스라는 타나토스의 적수를 동원해 공동체의 동일시 형태를 형성하는 것이라고 말한다(Frued 1975b, 212). 프로이트는 교육과 "비국 가주의적 연대감solidaristic sentiments of non-nationalist sort"의 고양을 통해서 대중의 진화가 가능하다고 본다(177). 그런데 자아를 파괴할 죽음 충 동을 피할 방법, 즉 우울증에서 자아가 자기 파괴를 하지 않게 할 유 일한 방법은 우울증을 '조증'으로 돌려 파괴의 폭군을 피하는 것뿐이 다. 조증을 소환해서, 주체가 상실한 뒤 동일시한 대상과의 유대를 적 극적으로 끊으면서 세계와 자신에 대한 파괴 행위에 저항하고, 파괴 직전에 새로운 대상 카섹시스를 추구하여 고통에서 해방될 수 있다.

'비판력critical faculty'은 한 집단의 내적 유대 관계를 파괴하거나 집단의 파괴성을 외부로 향하게 할 수도 있는 양방향의 공격성을 억 제할 힘이다. 이는 공격성에 대한 초자아의 억제력이기도 하고, 초자 아의 파괴력이 내부로 전환되어 자기 파괴 충동이 되는 힘이기도 하 다. 파괴 충동을 통제하는 데 동원되었던 비판적 행위자가 내부로 향 할 경우 이 행위자는 자아의 생명을 위험하게 할 수 있다. 이때 자아 를 파괴할 죽음 충동을 억제하기 위해서는 에로스의 자기 보존 성향 이 필요하다. 비판 능력만으로는 초자아 형태의 파괴를 억제할 수 없 으므로, 자기 보존을 위해 파괴에 저항하고 생명을 지킬 힘이 필요하 다. 그 힘은 조증에서 온다.

그러므로 해방되고 싶은 초자아의 자아에 대한 공격성, 자기 질책의 우울증, 죽음 충동의 파괴성에 대항할 가능성은 '조증'에 있고 '비판력'이 이를 도울 수 있다. 우울증 주체는 종종 조증을 보이며 한 감정의 방출에서 다른 감정의 방출로 빠르게 이동하는데, 이때 조증 은 자기 파괴를 방해할 방법이다. 비판 능력critical capacity(170)이나 비판 기능critical function(168)은 사회적 파괴 형태를 복제하지 않으면서 사람의 생명을 파괴할 동일시 관계나 유대를 끊어 내고자 몸부림친다. 탈-동일시dis-identification로 자기 파괴의 폭군에 대한 복종을 방해할 때, 조증의 유대 끊기와 폭발적 에너지, 그리고 비판력의 억제력이 생명을 살리고 그 생명의 사회적 유대도 회복시킬 수 있다.

우울증에서 조증의 역할에 주목해 보면, 조증을 수반하는 우울증은 두 개의 반대되는 경향, 즉 자기 책망과 조증으로 구성된다. 자기 책망은 '양심'의 대표적 활동이 되고, 조증은 상실한 대상에 대한 유대를 끊어 자기 책망의 대상을 적극적으로 '포기'한다. 이때 조증은 대상의 적극적 포기, 상실된 대상이나 이상과 유대를 끊으려는 자아의 강화된 노력으로 상실을 견뎌 살고자 하는 욕망, 상실로 자기 삶을 빼앗기지 않으려는 욕망에 해당한다. 말하자면 조증은, "살아 있는 유기체가 억제되지 않은 초자아의 작용으로 인해 파괴될 위협에 맞서는 저항"이다. 초자아가 죽음 충동의 연장이라면 조증은 세계에 대한, 또한 자기 자신에 대한 '파괴 행위에 맞서는 저항pretest against destructive action'(167)이다.

이 저항의 연대를 위해서는 공격 충동 대신 '에로스'의 자기 보존 경향을 불러와야 한다. 공격 충동은 죽음 본능의 파생적이고 중심적인 표상이다. 세계대전을 가능하게 한 유럽의 호전성, 국가주의, 반유대주의 같은 공격 충동, 즉 '타나토스'는 더 큰 사회정치 형태를 작은 집단으로, 또 개인으로 쪼갠다. 사랑에는 구성적 양가성이 있고, 사랑은 감정적 양가성의 한쪽 극단일 뿐이라서 사랑에는 단단한 결속력만큼 사회관계를 파괴할 잠재력도 있다. 이 파괴에 맞설 방법은 자기 억제의 형태, 자신의 '파괴 충동에 대한 파괴'를 위해 초자아를 동원하는 것이다. 초자아의 임무는 그것의 자기 파괴력이 '외부를 향한 파괴 충동'과 맞서게 하는 것이다. '비판력'을 동원할 때 초자아는 자기 파괴의 대항세력이 될 수 있다. 초자아의 비판력이 파괴 충동의 내적 도구가 되어 자아를 위협하지 않게 하려면, '에로스의 자기 보존 경향'이 파괴 작용에 대한 견제책으로서(164) 죽음 충동에 작용해야 한다.

　　다시 말해, 자아가 자기 파괴에 성공하는 것을 막을 유일한 방법은 우울증을 '조증'으로 돌려 자기 파괴의 힘을 자기 보존력으로 전환하고, 비판력을 활용해 세계도 자아도 파괴하지 않도록 억제하며, 자아와 동일시된 권력의 절대적 행사자와 동일시의 고리를 끊는 것이다. 조증은 무제한의 초자아가 생명체를 파괴하리라는 예측에 대항하는 '살아 있는 유기체의 저항'이다. 초자아가 죽음 충동의 연장이라면 조증은 세계와 자신을 향한 파괴적 행위에 맞서는 저항이므로, 파괴에 대항할 열쇠를 쥐고 있다. 조증은 자기 파괴의 폭군을 전복하고 그 폭군에 대한 애착을 깨기 위해 필요하다.

　　이제 자기 파괴를 명하는 폭군과의 탈동일시는 유기체의 생존을 보장할 방법이다. 조증이 비판 기능을 가지는 만큼, 조증은 파괴적 폭군과의 연결의 유대를 끊을 뿐만 아니라 이 폭군이 요구하는 복종과 동일시를 끊어 낼 수 있다. 초자아가 폭군과 같은 사회적 권력 형태를 흡수하는 순간, 이 폭군은 나의 심리적 복종에 의지하게 된다. 폭군을 비판하는 것은 삶을 위협하는 비판을 복제하지 않으면서 초자아에 대항하여 '비판 기능'을 행사하는 것이다. 우울증에서 자아

를 파괴할 폭군에 대항해 희망이 승리할 가능성은 오직 '조증'을 동원
하는 데 달려 있다.

> 초자아가 풀려나면 자아에게 사형 선고를 내릴 수도 있는데, 조
> 증은 이 고삐 풀린 초자아의 자살 목적과 살인 목적에 대항해
> 승리할 수 있는 유일한 희망임이 입증된다. 오직 그 힘이 있어
> 야만 폭군과의 관계를 끊는 것이 가능하고, 주체화의 구조가 된
> 폭군의 논리와 단절하는 것도 가능하기 때문이다(168, 강조는 필자).

조증의 탈동일시가 폭군과 단절할 비판 능력과 함께 등장한
다면 그 폭군 정권의 타도를 의미하는, 자체의 파괴력으로 작용한다.
이것은 '정서의 연대solidarity of sentiments' 안에서 발생할 수 있지만, 완
전한 동일시 양상이 아니라 긍정적인 동시에 부정적인 잠재력도 있
는 양가적인 유대ambivalent bond이다. 탈동일시가 폭군에 매료된 예속
화를 방해할 때 탈동일시는 "조증적인 동시에 비판적"(171)이다. 주체
는 권위주의적이고 압제적인 규율에 맞설 반란의 연대 형식을 만들
어 자아를 파괴할 가능성에 저항해야 한다. 버틀러는 조증이 이런 '비
현실적' 형태의 반란 연대를 이해할 암호를 준다고 주장한다. 결국 폭
군은 권력의 네트워크가 만든 인격화된 모습이므로 "폭군의 타도는
조증으로 나타나고, 연대하며, 확장된다its overthrow is manic, solidaristic, and
incremental"(168).
조증은 현실을 문제 삼는 방식이고 조건적 삶의 문제로 되돌
아올 뿐이지만 무조건적 자유unconditional freedom[39]처럼 행동한다. 국

가 지도자가 폭군의 모습을 보이고 언론이 폭군의 모든 행동에 열광적으로 몰입할 때, 연대의 네트워크를 구축할 사람들, 그리고 폭군의 무제한 권력 행사에 대한 매혹을 끊어 낼 사람들을 위한 조증의 '거대 공간great space'이 열리게 된다.

마침내 조증은 초자아의 자기 파괴력에 맞서 자아를 지키고 세계의 연대와 유대를 결속할 대등한 대항적 힘으로 설명된다. 삶을 삶으로 인정하고, 죽음을 죽음으로 인정하는 평등한 세계, 또한 이상적인 공동체를 위해서는 우울증의 죽음 충동보다는 심리적이고 사회적인 폭군에 저항할 조증이 필요할 수 있다. 조증은 개인의 자아가 파괴되지 않고 생명을 지속할 힘인 동시에, 권위적이고 압제적인 사회 권력에 대항해 연대의 네트워크를 구성하고 무소불위의 권력자에 대한 복종 및 동일시의 고리를 끊어 낼 가능성이다.

4. 우리의 근원적 취약성과 공동체의 연대 가능성

우리가 팬데믹으로 상실한 것은 무엇일까? 공적으로 상실을 인정하지도 애도하지도 못해 포스트 코로나 우울증의 고통을 유발한 무의식적 사랑의 대상은 무엇인가? 그것은 비대면 사회에서 잃어버린 감정적 관계성일 수도 있고, 상호 의존 공동체의 유대일 수도 있

---

39   버틀러는 개인의 자유(liberty)와 공동체의 자유(freedom)를 구분한다. 개인의 자유는 사실 개인보다는 국가적 소유, 시장의 이윤, 지구와 환경 파괴의 이득과 관련되어 세계를 파괴하는 힘인 반면, 공동체의 자유는 사회 세계 가운데 등장하고 공통의 세계(a common world)를 자유롭게 추구하는 삶 가운데서 등장한다(Butler 2022, 33).

고, 평등한 삶의 가능성과 죽음의 애도 가능성일 수도 있고, 어쩌면 평등주의라는 유토피아적 비전일 수도 있다. 버틀러는 팬데믹의 어원이 판-데모스pan-demos라서 이것은 모든 사람을 의미하며, 더 정확히는 모든 곳의 사람들, 혹은 사람을 넘고 통해서 걸쳐지고 퍼지는 것을 의미한다고 말한다(Butler 2022, 5). 팬데믹은 감염병이 특정 국가나 계급, 능력에 제한되지 않고 퍼지는 것이기에 이를 극복하기 위해서는 취약한 몸을 가진 유기체의 연대와 공존이 필요하다. 신자유주의 경제 체계 속 심화된 개인주의는 성과도 실패도 오로지 개인의 능력 때문이라고 말하지만 우리의 삶은 근원적 취약성과 상호 간 이질성의 연대에 근거할 때 생명의 가능성을 높일 수 있다. 자족성보다 취약성, 동질성보다는 이질성의 사회적 상호 의존은 삶의 가능성을 확장할 수 있다.

　　버틀러의 우울증 논의는 지난 30여 년간 유지된 것도 있고 달라진 것도 있다. 이 글이 특히 주목한 부분은 버틀러의 긴 우울증 논의에 숨어 있는 조증의 가능성이다. 『젠더 트러블』에서 조증은 패러디의 웃음으로 나타난다. 그것은 푸코의 게이와 레즈비언의 구분을 허무는 '폭발적 웃음explosive laughter', 가족 구조를 파괴하는 피에르 리비에르Pierre Rivière의 '파괴적 웃음shattering laughter', 조르주 바타유Georges Bataille의 헤겔 변증법을 넘는 '잉여의 웃음', 엘렌 식수Hélène Cixous의 동일자와 타자의 구분을 허무는 '메두사의 웃음'이다(Butler 1990, 102-103). 『권력의 정신적 삶』에서 조증은 에이즈로 죽은 사람에 대한 공적인 애도 금지에 저항하는 거리의 시위에서 나타난 분노와 투쟁이며, 이는 열정의 액팅 아웃, 분노의 시체 연출 시위인 '다이 인' 시위, 열광적

드랙 퍼포먼스의 형태로 표현된다. 30년 뒤『비폭력의 힘』에서 조증
은 우울증의 회로 속에 현실을 문제 삼을 방법이자(177) 폭군의 자아
파괴를 막을 유일한 희망이다. 조증은 "삶을 파괴할 전쟁 형태뿐 아
니라 권위주의와 전체주의의 지배를 뒤엎는 반란의 연대 형식"(182)으
로 나타난다.[40]

　　이전과 달라진 점은 개인의 우울증적인 젠더가 공적인 애도
가능성으로, 성소수자의 차별 반대가 보편 인권에 입각한 현실의 정
치윤리적 참여와 운동으로 확장된다는 점이다. 우울증은 개인의 젠
더 정체성 구성 방식에서 애도가 금지되어 표출된 공적인 분노와 투
쟁으로 나타나고, 이후 조증과 비판력을 통해 확장된 연대의 힘을 동
원해서 스스로 극복해야 할 자기 파괴성으로 설명된다. 조증은 고통
의 원인인 자아 이상과의 관계를 끊어 상실 속에 주체가 파괴되지 않
도록 하는 해방의 움직임이자 살아 있는 유기체의 힘이고 권위주의
적이고 압제적인 규칙을 뒤엎을 '비현실적'(168) 형태의 반란 연대이
다. 이는 기존의 규범적 이상에 도달하는 데 실패한 불안정성과 취약
성의 존재가 이루는 '실패의 사회연대'가 가져올 평등한 삶의 가능성
이기도 하다.

　　서로 다른 취약성을 가진 약자들이 연대할 공동체의 토대는
상호 의존성에 기반한 "평등주의 상상계"(24)에 있다. 평등주의 상상
계는 상상의 공동체다. 그것은 미래의 유토피아적 공동체이기도 하

---

[40]　이 외에도 버틀러는 윤리적 선회 이후 여러 저작에서 우울증 안 조증의 가능성을 지
　　속적으로 논의한다. 조증은 이성을 넘는 '흥분의 말(excitable speech)', 탈아(ek-
　　stasis)로서의 '황홀(ecstasy)', 나를 놓아버리는 '미칠 듯한(beside oneself)' 격정 등의
　　개념으로 반복해 변주된다. 이와 유사한 관점으로 정혜욱 (2023) 306쪽 참고.

다. 유토피아는 어원상 어디에도 자리가 없는 것을 의미하고[41] 구체적으로 구현되면 디스토피아가 될 수도 있지만, 그것을 지향하며 현실의 문제와 불평등을 해결하려는 변화의 노력만큼은 중요하다. 여성과 퀴어의 평등에 대한 상상력, 장애와 빈곤과 노화에 관련된 소수자 운동, 그리고 민족적, 인종적, 지역적, 정치적 약자의 권리 운동, 불법 이주민과 이민자와 난민의 문제, 생태적 관점과 인간의 관점이 교차하는 에코 생태주의, 탈성장으로의 전환 운동, 폐산업시설 위에 재건하는 예술 공동체 등은 우리가 상상할 수 있는 '평등주의 상상계'의 구현 가능성을 보여 준다.

서로 다른 차이가 차별 없이 공존하는 평등주의 상상계라는 급진적 공동체는 일종의 유토피아다. 유토피아란 현실에 존재하지 않지만 도달하고 싶은 이상향이다. 폴 리쾨르Paul Ricœur에 따르면 유토피아는 우리가 도달해야 할 텔로스telos로 작용하는 것이 아니라, 우리가 사는 사회를 변화시키는 기능으로 작용한다(Ricœur 1991, 318-324). 장뤽 낭시는 유토피아란 세상 속에 있는 섬이 아니라 '세상과의 관계에서 섬'(Nancy 2012, 5)이라고 주장한다. 공동체를 사회와 일치시키는 것이 아니라, 사회 내로 환원되지 않는 관계 또는 사회 내에서 고착되지 않는 관계를 보려는 것이다. 유토피아를 상상하기 위해서는 불행한 현실을 직시하고 대안 사회를 제시할 통찰력이 필요하다.

---

41   유토피아(utopia)라는 말은 1516년 토머스 모어(Thomas More)가 만든 신조어이자 이상적 정치를 실현하는 섬나라다. 원래 모어는 '없는 장소(u-topia)'와 '좋은 곳(eutopia)'이라는 두 가지 의미로 이 말을 만들었다. 이후 좋은 곳이지만 현실에 존재하지 않는 장소란 의미의 이상향, 낙원 등의 의미로 쓰이게 되었다. 관련된 다양한 장소 개념들도 여기서 파생되었다. 디스토피아, 안티-유토피아, 헤테로토피아, 하이퍼 유토피아 같이 존재하지 않는 비장소는 이런 유토피아와 관련이 있다.

아탈리는 팬데믹을 경유한 지금 다른 무엇보다 문제 되는 것은 죽음이라고 말한다. 망각되고, 부정되며, 피할 수 있던 죽음, 그저 통계상 숫자로서의 의미만 갖는 죽음 말이다(아탈리 2020, 13). 모든 생명이 애도 가치를 가진 생명이라고 여겨질 때 평등주의 상상계라는 유토피아적 지평을 열 수 있다. 우울증, 애도, 조증을 경유한 버틀러의 윤리는 모종의 상상계, 즉 상실했을 경우 애도될 생명이어야만 폭력과 파괴로부터 적극 보호될 것이라는 생각에 기초한다. 이와 똑같이 중요한 것은 생명을 계속 살게 하라는 요청이다. 누구의 목숨이 더 소중하고 덜 소중한지, 누구의 생명이 더 잘 지켜지고 덜 지켜지는지에 대한 생각은 윤리적 성찰로 이어진다. 서로의 관계성과 상호 의존성 속에, 내가 하는 행동이 내게도 행해진다면 불평등의 세계에서 살고 싶은 사람은 아무도 없을 것이다. 포스트 팬데믹 우울증의 자기 파괴에 대항하기 위해서는 애도의 보편적 가능성을 주장하고, 우울증 중에서도 조증의 에너지를 모아 울증의 자기 파괴에 저항해야 한다. 이를 위해 오늘날 가장 중요한 것은 우리의 정동과 생생한 행위 간의 관계를 유지하는 행동actions이다. 이런 행동은 작은 행위들small acts에서 시작된다. 오로지 혁명적 잠재력이 살아 있는 '작은 행위'가 누적되고 집적되어 모인 힘을 통해서만이 혐오감과 격분감을 집단적 잠재력과 혁명적 전망으로 바꿔낼 수 있을 것이다(Butler 2022, 105). 공통의 자유와 삶의 평등한 가치를 위한 투쟁은 규범적 이상화를 뒤엎을, 실패의 정치 연대의 힘이자 실패의 윤리적 가능성이다.

4장

살 만한 삶,
그리고
여전히 젠더

유기체로서의 인간은 몸의 존재이다. 몸은 태어나 성장하다 정점에 이른 뒤 노화한다. 또한 질병과 상해에 취약하며, 결국엔 소멸하는 유한성의 구조 안에 있다. 인간의 몸은 유한성 없이는 생각할 수 없고, 이런 몸이 지속되기 위해서는 필연적으로 몸 밖에 있는 것에 의존해야 한다. 그래서 몸을 가진 인간이 생명체로서 삶을 산다는 것은 항상 불안정한 삶, 외부 자극에 위태로운 삶, 타인의 도움이 필요한 삶, 언젠간 반드시 스러질 삶을 사는 것이다. 이런 유한한 삶, 취약한 삶, 관계적 삶, 필멸의 삶은 몸의 존재로서 인간의 보편적 조건이다.

한편, 근대적 사회계약론에 따르면 인간은 타고난 자연권을 공동의 정치체에 이양함에 따라 권력관계의 구속과 제약을 받게 된다. 이런 공통의 권력은 원칙적으로 모든 인간의 평등한 사회적, 정치적 권리를 보장하는 데 쓰여야 하지만, 현실은 복잡한 사회적, 정치적 지형 위에서 불평등하게 권리가 분배되고 그에 따라 삶의 가능성도 차등적 상황에 놓이게 된다. 즉, 자연 상태의 생명체 인간은 몸의 존속을 최우선 과제로 한다는 점에서 모두가 불안정하지만, 사회 상태에서 사회체 인간은 삶을 지원하는 차등적 조건에 따라 서로 다른 불안정성을 갖는다.

이렇듯 삶은 그 자체로 불안정하지만, 정치적으로 유도된 불안정성도 있어 둘은 서로 얽히고 교차한다. 버틀러는 인간의 삶에 내재된 공통적이고 존재론적인 '불안정함'과, 특정한 역사적 맥락과 사회적 위치에 따라 삶의 가능성을 불평등하게 분배하는, 정치적으로 유도된 조건 '불안정성'을 구분해 왔다(Butler 2009, 25-26). 이때 '불안정함'은 모든 인간이 생물학적 몸을 가진 취약한 존재로서 타인과의 상호 의존과 상호 연대의 가능성을 열 중요한 정치적 토대지만, '불안정성'은 정치적인 불평등과 차별을 통해 개인과 집단을 분리하고 소외시키는 것으로 살 만한 삶의 장애물이다.

지금 세계는 신자유주의적 자본주의 사회로 정치 보수화와 경제 계급화가 강화되는 흐름을 타고 있다. 더구나 글로벌리즘과 결합된 국가주의는 자국의 이익을 앞세워 국가 간 갈등을 심화시키고, 국내의 능력주의는 경제적 지위에 따른 계급화와 내부 갈등을 증폭시킨다. 이런 상황에서 이 장에서는 '살 만한 삶'이 무엇인지, 또 그 삶에 젠더의 중요성은 무엇인지, 최근 형성된 반-젠더 운동의 이데올로기는 무엇이고, 이에 어떤 대응이 필요한지를 버틀러와 보름스의 대담 『살 만한 삶과 살 만하지 않은 삶』및 버틀러의 최근작『누가 젠더를 두려워하라』를 중심으로 검토할 것이다. [42]

---

[42] 이 장을 집필할 때 버틀러의 저서들 중 필자가 최근 번역한 두 권은 국내 번역본을 참고하였다. 『젠더 트러블』은 2024년 개정된 번역본을, 『살 만한 삶과 살 만하지 않은 삶』은 같은 해 출간된 번역본을 참고했다.

1. 살 만한 삶이란 무엇인가

　　최근 전 세계적으로 '젠더'는 불안과 공포의 원인, 즉 규범적 이
성애 가족을 위협하고, 인류의 미래를 불안정하게 만드는 재생산 실
패의 원인으로 지목되었다. 이러한 경향은 '젠더 이데올로기'나 '젠더
비판적 페미니즘' 등의 반동적 담론을 낳았고, 젠더를 그저 '이데올로
기'에 불과하다고 폄훼하거나, 심지어 페미니즘 내부에서 젠더를 '비
판'하는 흐름까지 형성했다. 반-젠더 운동은 젠더를 모든 불안정함과
불안정성의 원인으로 싸잡아 비판하면서, 과거 남성 중심의 가부장
적 권력 질서와 생물학적 성별 이분법에 기반한 안정적 세계를 회복
할 때 상실된 질서와 평화를 되찾을 수 있다고 믿는다. 하지만 그러
한 과거 질서는 여성, 성소수자, 그 외 여러 소수자의 삶을 구조적으
로 배제하고 위협하는 체계로 근대 계몽주의 이후 꾸준히 비판받아
온 것이다. 천부인권론의 관점에서도, 누구든 자신의 젠더로 인해 '살
만한 삶'이 박탈당해선 안 된다.

　　모든 사람은 살 만한 삶의 조건을 확보해야 한다. 버틀러와 보
름스의 대담집 『살 만한 삶과 살 만하지 않은 삶』에서 두 사람의 공통
된 주장이 바로 이것이다. 버틀러는 젠더 이론과 비판적 정치윤리학
의 관점에서, 보름스는 생명연구와 비판적 생기론critical vitalism의 관점
에서 '살 만한 삶'을 논의하지만 결국 같은 결론에 도달한다. 버틀러
는 정치에서 생명으로, 보름스는 생명에서 정치로 이동하면서 상대
를 이해하는 관점에 도달했다고도 볼 수 있다. 무엇보다도 '삶'과 '권
력'의 문제는 두 연구자의 공통된 관심사이다. '비판적 생기론' 관점에

서도, '비판적 정치학critical politics' 관점에서도[43] 인간의 생명 존속과 살 만한 삶은 사회규범이나 정치권력의 문제와 떼려야 뗄 수 없는 관계에 있다.

살 만함과 살 만하지 않음의 기준은 무엇일까? 보름스와 버틀러에게는 '모든 삶이 살 만한 것이어야 한다'는 기본적 합의가 있지만, 보름스는 생명 연구의 관점에서 정치적 돌봄을 요청하고, 버틀러는 정치윤리의 관점에서 생명의 권리를 촉구한다. 그래서 『살 만한 삶과 살 만하지 않은 삶』에서 두 사람은 각각 생기론과 정치학이라는 다른 토대 위에 있지만 삶 속의 '권력'을 꿰뚫어 보고 '생명'을 주장한다. 그래서 생기론자 보름스도 살 만함의 조건은 '생물학적인 것'만이 아니라 '심리적이고 사회적이고 정치적임'을 인정한다(버틀러·보름스 2024, 36). 두 학자는 모든 인간 생명의 보편적 중요성을 주장하고, 정치와 윤리의 연결성을 인정한다.

두 사람의 차이를 좀 더 면밀히 살펴보자. 우선 보름스는 살 만한 삶과 살 만하지 않은 삶을 구분하는 기준이 '생기론적인 동시에 비판적'이라고 생각하지만, 버틀러는 둘의 구분 자체보다는 그 구분의 '암묵적인 기준'이 이미 우리의 실천과 판단에 내장된 것은 아닌

---

43   보름스와 버틀러에게 '비판적'의 의미는 조금 다르다. 보름스의 생기론은 철학적 유물론이나 기계론에 반대해 생물에는 무생물과 달리 목적을 실현하는 특별한 생명력이 있다고 보는 주장에 기반을 둔다. 비판적 생기론자 보름스에게 비판은 생기론의 의미에서의 거부, 식별, 성찰성을 의미한다. 즉, 생명이란 삶과 죽음의 양극성 속에 죽음에 저항한다는 의미에서 '거부', 생명은 살아 있는 존재들 간의 차이를 통해서 알 수 있다는 의미에서 '식별', 생기적인 것을 이해하는 데 윤리적이고 정치적인 기준이 필요하다는 의미에서 '성찰성'을 말한다(버틀러·보름스 2024, 14-15). 반면 버틀러에게 비판은 프랑크푸르트학파의 계보를 따르는 것으로, 지적이고 실천적 목적에서 관습과 통설을 그대로 수용하기보다는 각자의 이성을 통해 사유하고 합리적인 것을 수용해 이론과 현실을 개선하자는 의미를 갖는다.

지, 또 이 기준이 이미 그렇게 작동한다는 사실을 우리가 식별할 수 있는지, 누가 어떤 언어로 어떤 결과를 위해 판단하는지를 질문해야 한다고 생각한다(버틀러·보름스 2024, 48). 다시 말해 보름스가 살 만한 삶과 살 만하지 않은 삶에 대한 기준을 생명 내적인 규범의 관점에서 제시하려 한다면, 버틀러는 이 둘을 구분하는 암묵적 기준이 삶의 관행적 행위와 인식적 판단에 이미 들어와 있음을 깨닫고 비판해야 한다고 생각한다.

두 번째로 보름스는 살 만함에 대한 '생기론적' 접근법을 강조하지만, 버틀러는 '현상학적' 접근법을 중시한다. 보름스는 생명에 대한 세 가지 접근법을 말하는데, 그것은 현실의 이런저런 삶이 살 만하고 살 만하지 않다고 말하는 현상학적 접근법, 살 만함에는 주체가 있어야 하므로 주체성과 연결하는 접근법, 마지막으로 생명의 내재적 규범성을 주장하는 비판적 생기론 관점의 접근법이다. 보름스는 자신이 이 가운데 두 번째 접근법의 일부와 세 번째 접근법 전체를 지지한다고 밝히며, 삶의 살 만함을 구분할 수 있게 해 주는 주체성의 조건을 철저히 심문해야 한다고 주장한다. 특히 그는 홀로코스트 생환자의 이야기는 주체성이 상실된 삶에서 나오는 고통스러운 '서술narrative'이라서 객관적 '기술description'이 될 수 없다고 생각한다(버틀러·보름스 2024, 62).

그러나 버틀러는 현상학적 접근을 옹호한다. 살 만하지 않다는 것이 곧 죽음은 아니며, 주체성을 완전히 박탈당해도 삶이 이어지는 '살아가기living on' 혹은 '생-존sur-viver'의 모순적 상황에 주목한다(버틀러·보름스 2024, 63). 예컨대 2018년 이들의 첫 대담 당시, 국경 지대에 모여 사는 난민들의 깨어지고 불완전한 삶도 재현될 수 있었고, 홀로코스트로 망가진 사람이라도 불완전하게나마 과거의 트라우마를 서술할 수 있었다. 그들의 불완전한 서술은 "살 만하지 않은 삶 역시 여러분과 함께, 동시에 살아가는 조건에서 살아가는 방식을 보여 준 것"(버틀러·보름스 2024, 53)이다. 삶이 살 만하지 않아도 살 만하지 않음은 그 삶의 동반자로서, 그 삶을 구성하는 잔해로서, 그 삶과 뗄 수 없는 견디기 힘든 동행으로 남는다. 살 만하지 않은 삶과 더불어, 살 만하지 않은 삶 속에, 살 만하지 않은 삶을 계속 살아간다는 것은 결코 모순이 아니다(버틀러·보름스 2024, 53). 버틀러에게 현상학적 기술은, 살 만하지 않은 삶을 살 만한 삶으로 환원하지 않으면서 살아간다는 "공존" 및 "동시성"에 대한 이해를 담고 있다(버틀러·보름스 2024, 55).

　　보름스가 살 만한 삶을 살 '주체'나 '주체성'의 조건이나 최소 요건을 논의한다면, 버틀러는 주체성이 언제나 '상호 주체성'으로 연결된다고 파악한다. 버려진 이민자, 무기한 구금자, 군사 분쟁으로 피폭당한 자뿐만 아니라 코로나 시대의 각종 질환자나 의료 서비스의 사각지대에 있는 사람들도 서로 협력하며 살아간다. 예컨대 국경 지대에 모여 사는 이주민들은 삶이 살 만하지 않은데도, 공공 기구나 정부 기관이나 국제기구가 제공하지 못하는 난민 행동주의의 상호 의존의 양식을 통해 살아간다. 버틀러는 보름스가 말하는 주체성의 조건이 또한 공동 거주cohabitation 상황 속 '상호 주체성'의 조건이기도 하다고 주장한다.

　　주체를 상호 주체성으로 언급해야 하는 이유는 당신의 삶이 살 만하지 않고서는, 그리고 수많은 삶이 살 만하지 않고서는 나의 삶도 살 만하지 않기 때문입니다. 왜냐하면 우리는 공통되게 서로에게 의존하고 있고 공통된 삶을 위해서 사회구조에 의존하기 때문이지요. 나라는 주체는 유아기만이 아니라 평생을 돌봄에 의존하며, 여기서의 "돌봄"은 모성적 특성이라기보다는 살 만한 삶을 위한 사회적이고 제도적인 대비를 의미합니다(버틀러·보름스 2024, 59-60).

　　세 번째로 살 만한 삶을 위한 요건으로 보름스는 생명을 지원하는 '양극성polarity'과 돌봄을 강조한다면, 버틀러는 '양가성ambivalence'과 네트워크를 강조한다. 양극성은 비판적 생기론의 관점에서, 삶과 죽음이라는 상반된 두 힘의 필연적 긴장 상태에서 부정적 파괴와 죽음을 거부하고 활력과 생명을 향해 간다. 한편 양가성은 비판적 정치학의 관점에서 삶의 모순적인 조건, 즉 삶과 죽음이 대립하기보다 함께 공존하거나 서로 겹쳐지는 현실에 주목한다. 보름스가 보기에는 삶과 죽음, 애착과 침해, 돌봄과 권력 사이에는 생명에 도움이 되는 조건과 해로운 조건 사이의 양극성이 있고, 이런 생명 내적인 양극성은 죽음, 침해, 권력으로부터 삶, 애착, 돌봄으로 향해야 한다. 그러나 버틀러는 생명의 각 요소가 가진 양가성에 더 주목하여, 살 만하지 않아도 살아가는 주체들의 생명 외적인 상호 관계 및 연대 네트워크 형성의 필요성을 더 강조한다. 다시 말해 보름스의 초점이 생명에 긍정적인 조건을 확보하는 데 있다면, 버틀러의 초점은 살 만하지 않은데도 살아가는 모순적 현실에 있다.

그에 따라 보름스는 생명 유지와 존속을 위한 '생명 일반의 내재적 규범'을 강조하지만, 버틀러는 '차등적인 생명 지원의 정치 상황 속 소수자의 권리'를 더 섬세히 배려한다. 그 첫 번째 사례로 보름스는 '살 수 있음viability'이 본질적으로 순전히 생물학적인 개념이고, '살 만함livability'은 생기적이긴 해도 생물학적 수준으로 환원될 수 없는 것으로 둘을 구분하지만, 버틀러는 '살 수 있음'을 이 대화에서 제외할 것을 제안한다. 물질적 생명만이 아니라 사회문화적 여건까지 포괄하는 후자가 정치와 윤리가 결속된 인간에게 더 중요해서이기도 하지만, 다른 한편 탄생 전 태아의 생존권을 내세워 임신한 여성의 자유 결정권을 침해하려는 논의를 피하기 위해서이기도 하다.[44] 두 번째 사례로, 보름스는 모든 생명이 중요하다는 생각을 기반으로 돌봄에 대한 도날드 위니콧Donald Winnicott의 입장을 적극 옹호하지만, 버틀러는 위니콧이 돌봄과 모성을 등치하고 아버지의 육아보다 어머니의 육아를 이상적인 것으로 제시하며, 돌봄의 국가적이고 제도적인 확립에 반대한다는 점을 지적한다. 돌봄은 국가정책이나 사회 체계의 문제이지 모성의 의무가 아니다.

연구 기반은 서로 다르지만, 두 학자는 모든 사람에게 평등한 '살 만한 삶'의 조건을 보장해야 한다는 윤리적 요청, 그리고 새로운 사회적 규범과 이를 지지하는 정치적 실천이 필요하다는 점에서 공

---

44   버틀러에게 '생존 가능한(viable)'이라는 단어는 보름스와의 대담 주제가 되지 못한다 (버틀러·보름스 2024, 32). 그는 『누가 젠더를 두려워하랴』에서도 여성의 재생산 결정권을 개인의 자유 문제로 파악한다. 낙태가 합당한지를 국가가 결정해야 한다는 결론을 이끄는 것은 재생산에 대한 가부장적 사회 조직이라고 보고, 우리의 사회 세계가 조직되는 가치, 권리, 규범으로서 재생산의 자유(reproductive freedom)에 대한 헌신이 필요하다고 주장한다(Butler 2024, 173).

통된 입장이다. 보름스는 삶을 살 만하게 만드는 '생명의 최소한도vital minima'(버틀러·보름스 2024, 15)의 사회정치적 보장을 요구하고, 버틀러는 살 만한 삶에 필요한 의료 서비스, 기후변화에 대응할 국경 없는 공동체 등 글로벌 어젠다의 지역적인local 협업 실천, 그리고 모든 죽음에 대해 '공통된 관심사의 영역을 처리하는 초국적 네트워크와 제도'(버틀러·보름스 2024, 112)를 요구한다. 즉, 보름스가 생명의 최소치minimal를 확립할 '공통의 행성적 조건common planetary condition'(버틀러·보름스 2024, 100)을 주장한다면, 버틀러는 죽음정치의 논리necropolitical logic를 벗어날 집단 실천으로서 글로벌 어젠다의 지역적 실천, '글로컬리즘glocalism'을 강조한다(버틀러·보름스 2024, 111).

보름스와 버틀러에게 삶은 소유나 재산 개념으로는 말할 수 없는 그 이상의 가치가 있는 것이며 이들은 이를 위해 평등 정치와 돌봄 윤리를 요구한다. 우리의 돌봄 관계는 살 만한 삶과 살 만하지 않은 삶의 양극성을 접하는 정치 프레임에 휘말린 채 양극화되어 있고 양가성을 띠며 사회적인 것이기도 하다(버틀러·보름스 2024, 70). 따라서 생명, 애착, 돌봄을 지향하는 '양극성'은 취약성과 불안정성을 피하는 한편, 연대 기반으로 활용하는 '양가성'과 연결된다. 이런 정치와 윤리는 『젠더 트러블』과 『누가 젠더를 두려워하랴』에서도 다른 음색이지만 하나의 화음으로 협주된다.

2. 살 만한 삶에 젠더가 왜 중요한가

젠더는 주디스 버틀러가 평생 천착한 주요 주제 중 하나이다. 젠더가 인간다움의 기준이 되는 한, 젠더는 생명으로 인정되는 삶과 인정되지 않는 삶을 나누는 기준이 되므로 중대한 주제다. 보름스가 『젠더 트러블』을 "모든 종류의 삶에 대해서 최소한의 살 만한 삶을 만들자는 것"(버틀러·보름스 2024, 108)이라고 읽어 냈듯, 누구도 자신의 젠더 때문에 살 만함을 제한당해서는 안 된다. 『젠더 트러블』과 『누가 젠더를 두려워하랴』 사이에는 30년 이상의 세월이 있지만 둘을 관통하는 주제는 분명하다. 첫 번째로, 두 저작은 인간다움의 기준이 되는 주요 요소인 젠더가 정치적 구성물이라는 사실을 계보학적으로 탐구한다. 이런 계보학적 탐구는 니체와 푸코의 계보를 잇는 것이자 버틀러의 전 저작을 관통하는 주제이며, 『살 만한 삶과 살 만하지 않은 삶』도 살 만한 삶의 암묵적 기준에 내장된 권력과 담론의 틀 짜기 작업 framework을 계보학적으로 추적한다. 두 번째로 젠더는 고정된 하나의 의미가 아니라, 그 복잡성의 장으로 열려 많은 논의와 논쟁의 장을 열어 내는 '다층적이고 복합적이며 유동적인 의미'라는 관점을 취한다. 마지막으로 두 저작은 정체성을 해체해도 연합의 정치가 가능하며, 내부의 갈등을 안고도 서로 변화하며 협력하는 연대가 필요하다고 본다.

우선 『젠더 트러블』과 『누가 젠더를 두려워하랴』는 공통적으로 젠더가 정치체계에 의해 담론적으로 구성된다는 것을 밝히는 계보학적 관점에서 젠더 이분법을 비판한다. 『젠더 트러블』은 페미니즘의 주체가 여성이라고 생각하는 언어와 정치의 사법적 구성 자체가 "당대의 재현 정치의 담론적 구성물이자 결과물"이고, 페미니즘 주체 는 해방시켜야 할 정치체계에 의해 "담론적으로 구성된다"는 것을 밝 히려 한다(버틀러 2024, 86-87). 이런 정치적 작용은 사법 구조를 기반으 로 정치적 작용 자체를 잘 감추어서 마치 원래 그런 것처럼 자연스럽 게 만든다. 그에 따라 사법 권력은 자신이 재현할 뿐이라고 주장하는 것을 만들어 내는데도, 우리는 그것을 만들어진 것이 아니라 원래의 당연하고 자연스러운 것으로 받아들인다. 언어와 정치의 사법 구조 가 당대 권력의 장을 구성하므로, 이 권력의 장 바깥에는 어떤 위치도 없으며 오직 스스로를 정당화하려는 관행을 꼬집는 '비판적 계보학 critical genealogy'만이 존재할 뿐이다(버틀러 2024, 91). 이런 비판적 계보학 이야말로 당대 권력의 장을 구성하는 언어와 정치의 사법 구조가 무 엇인지를 밝히려는 페미니즘의 과제일 것이다.

『누가 젠더를 두려워하랴』도 가변적 역사의 구성물인 젠더 를 하나의 의미로 고정하는 권력 기제를 탐구한다. 성별 범주가 하 나의 상상계, 명령, 복합적 프레임, 암묵적 범주 집합과 함께 우리 삶 에 온 것이라면, 처음부터 성별의 사실을 알리고 그 한계를 현실화하 는 '판타즘의 조건'(185)[45]이 있는 것이다. 성별 지정은 어떤 '상상의 틀 imaginary framework' 없이는 일어나지 않으며, 규범적 젠더에 대한 상상 의 기대가 이미 성별 지정이 발생하는 틀 안에 들어 있다(181). 이런 상상의 틀이 생산되는 과정을 탐색하는 '비판적 계보학'은 당연한 상

---

45   이 장에서는 『누가 젠더를 두려워하랴』의 출처 표기에 한해 면수만 표기한다.

식, 혹은 과학적 지식이 기대면서도 감추는 그 프레임을 비판적으로 밝히고자 한다.

　　지금 젠더는 환영이나 망상과도 같은 판타즘phantasm[46]이 되었고, 특정한 불안과 공포와 증오를 모으고 동원한다. 그에 따라 '젠더'는 불안과 공포를 모으는 세계적 '판타즘의 장소phantasmatic site'가 되었다(10). 젠더에 반대하는 사람들은 뭔가가 그들의 세상, 자아감, 사회 구조를 파괴하고 있다고 확신하고, 실은 자신이 타인의 삶을 침해하고 공격하면서도 자기 행위를 정당화한다. 특히 젠더 교육 폐지, 젠더 관련 도서 검열, 트랜스젠더나 젠더 퀴어, LGBTQIA+의 시민권 박탈이나 범법화를 요구하는 사람들에게 젠더는 일종의 사회심리 현상이자, 현실과 유리된 집단적 판타즘의 차원 속에 나타난다. 이런 판타즘은 독서나 논리적 사고뿐 아니라 공론의 장에서의 합리적 토론을 방해하므로 이런 때일수록 비판적 사유가 요청되며, 이런 판타즘을 유도하는 숨은 정치 세력이 무엇인지에 대한 계보학적 탐색이 필요하다.

　　두 번째로 『젠더 트러블』에서 젠더는 여러 역사적 맥락 속에서 늘 일관되거나 지속적으로 구성될 수 없고, 담론적으로 구성된 정체성의 인종, 계급, 민족, 성적이고 지역적인 양상과 교차하기 때문에

---

[46]　버틀러의 판타즘 개념은 『누가 젠더를 두려워하랴』의 서문에서 밝히듯 장 라플랑슈의 판타즘을 참조한다. 프로이트는 의식적 환상과 무의식적 환상의 연결성을 강조했으나, 클라인은 phantasy와 fantasy를 구분하면서, 전자는 생물학적인 것이나 무의식적인 것, 후자는 몽상이나 의식적인 것으로 보고 전자를 더 중요하게 여겼다. 라플랑슈는 클라인식의 구분에 반대하며, 판타지가 상상력에 의한 주관적 현실만이 아니라 심리적 삶의 요소를 구문론으로 배열한 것과 관련이 있다고 주장하면서 '사회문화적' 관점에서 환상을 논의한다(Laplache 2002, 34).

젠더가 생산되고 유지되는 정치적이고 문화적인 교차점과 따로 떼어서 생각할 수 없다(버틀러 2024, 89). 젠더는 생물학적 성별에 대응하는 사회적 현실이 아니며, 남자나 여자가 된다는 것은 고정되거나 안정된 실체가 아니라 생물학적, 정치적, 경제적, 문화적 요소의 복합적 배치라서 시간에 따라 변할 수 있다. 여성 주체는 더 이상 안정되거나 고정된 용어로 생각되지 않는다(버틀러 2024, 86). 젠더는 "그 총체성이 영원히 보류되어, 어떤 주어진 시간에도 완전한 모습을 갖출 수 없는 복잡성"이며, 정의상의 완결이라는 규범적 목적에 복종하지 않고, "다양한 집중과 분산을 허용하는 열린 이상블라주assemblage"라 할 수 있다(버틀러 2024, 113). 젠더는 젠더에 대한 당대의 관념적이고 이상적 자질을 모방한 결과물이라는 의미에서 '패러디'적이고, 본질적인 중핵을 가진 것이 아니라 젠더를 연출하는 행위 중에 구성된다는 의미에서 '수행적'이며, 기존의 젠더 규범에 '반복'하여 '복종'하면서 반복 중에 생긴 균열 속에 새 의미를 만들고, 사랑했지만 떠나보낸 타인을 '우울증'의 방식으로 자기 안에 합체한다.[47]

『누가 젠더를 두려워하랴』에서도 젠더는 고정되지 않은 것이며 수행적인 것이다. 젠더는 성별 지정의 곤란함을 기술하는 단어로 시작했으며, 그런 의미에서 젠더는 성별 지정을 연구하고 실행하는 여러 '의료적-법적 관행'을 말한다. 젠더는 명사가 아니라 성차화된 몸의 의미가 "타인과의 관계에서 어떻게 생산되는지, 그리고 이 의미가 어떻게 전개되고 변하는지를"(Scott 2010, 10) 비판적으로 생각할 '한

---

47   버틀러의 젠더 정체성을 패러디, 수행성, 복종, 우울증으로 설명한 논의는 조현준 (2014) 참고.

가지 틀a framework'이다(200). 중요한 문제는 '성별'이라는 용어가 정치 프레임에 따라 어떻게 전략적으로 사용되는가이지 젠더의 '이형적 관념론dimorphic idealism' 자체가 아니다. 따라서 남자나 여자가 된다는 것은 고정되거나 안정된 실체가 아니라 생물학적, 정치적, 경제적, 문화적 요소의 복잡한 배치이며, 시간에 따라 변할 수 있다(Faye 2022, 239; Butler 2024, 175)

이런 형성의 상호작용은 몸이 무엇인지, 즉 몸의 성장, 되기 양식, 몸의 '구성적 관계성'을 설명해준다. 우리는 젠더를 말할 때 '상호작용, 상호 의존성, 상호 침투성의 장면'(179)과 함께 시작해야 하며, 몸과 세계의 존재론 분리가 왜 서구 일부에서 상식으로 여겨지는지를 질문해야 한다. 우리를 형성하는 규범이 한번만 작동하는 것이 아니라, 오랜 시간 동안 반복해서 작용하기 때문에 그 반복 과정에서 "규범의 재생산에서 이탈"할 기회가 생긴다(30). 젠더 안에 산다는 것은 지금 우리가 사는 삶에 가능하게 된 특정한 '역사적 복잡성'을 사는 것인데(29) 이런 반복의 과정이 수정과 거부의 가능성, 젠더가 역사적으로 수정될 가능성을 연다.

마지막으로 두 저작은 정체성 너머의 정치에 입각한 연합과 연대를 강조한다는 공통점이 있다. 젠더가 유동적이며 가변적이라서 이원적 구조에 통합될 수는 없으므로, 연합coalition의 틀 안에서 개별 정체성을 표명하는 일련의 대화적 만남이 제안된다(버틀러 2024, 111). 또한 연합의 구축을 가능하게 하는 민주화의 충동이 있더라도, 연합의 이론가가 미리 연합 구조의 이상적 방식, 통일성을 보장하지 않는 형태의 연합을 추구한다. 연합은 필요하지만, 그 연합의 형식은 새로

등장해 예측 불가능한 입장들의 아상블라주 형식이어야 한다. 젠더가 고정되지 않은 가변적 복합물이라면, 젠더 정치도 특정 정체성으로 미리 결정되지 않은 연합의 형식이어야 한다.

『누가 젠더를 두려워하랴』도 자유와 평등이라는 기본 인권에 기반한 폭넓은 연대의 정치를 주장한다. 젠더는 수십 년간 젠더의 가변성을 들어 젠더 차별에 반대하는 페미니즘의 일부였는데, 반-젠더 운동은 젠더가 '이데올로기'라고 주장할 뿐 아니라 '젠더 비판적' 페미니즘까지 만들어 냈다. 가변적 젠더가 고정된 이데올로기가 될 수 없듯 페미니즘은 젠더 비판적일 수 없으므로, 젠더 비판적 페미니즘은 우익의 젠더 반대와 연합한 일부 페미니스트만 사용하는 잘못된 명칭일 것이다. 하지만 발상을 전환해 보면 이는 '젠더'의 이름으로 억압당해 온 서로 다른 인종, 계급, 역사적 상황 속의 다양한 사람들이 연대할 공통의 기반을 만들 수 있다는 뜻이기도 하다. 예컨대 재생산의 자유가 젠더 자기 결정의 자유와 관련된다면 페미니스트, 트랜스젠더, 논바이너리의 투쟁을 연결하는 연대의 토대가 될 수 있다(174). 또 인종주의를 벗어나기 위해 비판적 인종 이론과 연대할 수도 있다.

반-젠더 이데올로기에 대항하기 위해서는 그것이 표적으로 삼은 모든 이들이 모이고 동원되는 '초국적 연합transnational coalition'이 필요하다(28). 반-젠더 운동에 대항하는 초국적 연합을 위해, 또 젠더 이데올로기 운동이 퍼뜨리는 왜곡과 허위를 드러내어 그 환영의 구조를 같이 해체하기 위해 반-젠더 운동의 표적이 된 이들끼리 서로 연대하여 모두가 함께 '다른 상상계another imaginary'⁴⁸를 구축할 필요가 있다(11). 설혹 일부 서로의 비판 지점이 다르더라도 반-젠더 이데올로기 운동이라는 이름의 잔인한 규범과 가학적 성향을 폭로하고 그것을 이겨 낼 힘을 위해 '하나의 연대 형식a form of solidarity'과 '협주된 상상concerted imagining'을 만들 필요가 있다(36). 설령 관념적 낙관론일지라도 그것은 필요한 이상이다.

3. 공포 판타즘에서 대항적 상상으로, '공동-구성'으로

이제 『젠더 트러블』과 달라진 『누가 젠더를 두려워하랴』의 논점을 살펴보겠다. 앞서 밝혔듯 두 저작은 젠더의 의미 틀을 만드는 권력 기제를 계보학적 관점에서 추적하고, 젠더가 가변적이고 유동적임을 밝히며, 정체성 정치를 넘어선 연합과 연대를 촉구한다는 공통점이 있다. 『누가 젠더를 두려워하랴』는 특히 9·11 사건을 기점으로 한 '윤리적 선회' 이후 버틀러가 오랜만에 젠더를 논의했다는 점에서 주목된다. 이 저작은 우선 반-젠더 운동을 공포 정치에 기반한 '젠더 판타즘'으로 비판하고, 이에 대응할 '대항 상상계'의 필요성을 주장하고, 둘째로 신유물론New Materialism의 사유를 수용하는 '공동-구성co-construction'의 관점을 부각시키며, 마지막으로 자유와 평등을 향한 연대로서, 반-젠더 운동의 표적이 된 소수자들의 '정체성을 초월한 초국적 연합 정치'를 그 어느 때보다 강력히 촉구한다.

---

48   라캉의 상상계(the Imaginary)는 6-18개월의 유아가 거울 단계를 거치면서 오인에 따라 게슈탈트(Gestalt)를 형성하고 개인의 자아 정체성을 확립하는 것과 관련되지만, 버틀러가 말하는 상상계(an imaginary)는 사회적 불평등으로 인해 억압된 계층이 연대하기 위한 기반으로 더 나은 세계를 구상할 새로운 사회적 상상력을 의미한다.

첫 번째로『누가 젠더를 두려워하랴』는 판타즘이 현실을 왜곡하거나 과장하여 불안을 발생시키고 또 통제하는 방어기제로 작동하며, 정치적 맥락에서 특정 집단을 공격하고 배제하는 이데올로기의 토대가 된다고 비판한다. 젠더 이론이 사회 질서와 가족 구조를 파괴할 것이라는 반-젠더 운동의 근거 없는 두려움 동원이 이런 판타즘의 대표적 사례이다. 반면, 상상은 집단적으로 공유되는 사회적 관념과 이미지의 집합체로 사회적 규범과 제도를 지탱하는 가치와 이상을 포함하기는 하지만, 현실의 정치적 변화를 위한 긍정적 비전이나 이상을 창출할 수도 있다. 버틀러는『비폭력의 힘』에서 이미 윤리적 성찰이 내장된 특정한 정치적 상상계를 '평등주의 상상계'(Butler 2020, 77)로 논의한 바 있다.[49] 이제『누가 젠더를 두려워하랴』에서는 그 정치성을 확장하고 강화해 이를 '대항 상상계'로 논의한다.

> 사회심리적 현상으로 이해되는 이런 판타즘은 은밀한 공포와 불안이 정치적 열정을 선동하도록 사회적으로 조직되는 장소이다. 그렇다면 '젠더'라 불리는 이 생생하고 왜곡된 판타즘은 어떤 구조를 가지는가? 또 어떤 목적으로 움직이는가? 우리가 어떻게 하면 이 판타즘의 계략을 폭로하고, 그 힘을 흩트리고, 그것이 조장하는 검열, 왜곡, 반동 정치의 시도를 중단시킬 만큼 강력한 **대항 상상계**counter-imaginary를 만들어 낼 수 있을까? 그것은 강력한 대항적 비전을, 즉 보호할 수 있고 해야 할 구체적

삶의 권리와 자유를 약속할 비전을 우리가 만들어 내는 데 달려 있다. 이를 위해 젠더 판타즘을 깨는 일은 사람이 어떻게 사랑하고, 어떻게 몸으로 살아가며, 폭력이나 차별의 공포 없이 이 세상에 존재할 권리, 숨 쉬고 이동하고 살아갈 권리를 확보하는 가의 문제이다(9-10, 강조는 필자).

젠더 판타즘은 공포 감정을 이용한 정치이며, 이것을 극복하기 위해서는 대안적인 상상계, 즉 대항 상상계가 필요하다. 젠더를 이데올로기로 파악하는 '젠더 이데올로기'는 '심리-사회적 환상psycho-social fantasy'이며, 이 환상은 뭐든 의미할 '텅 빈 기표'라기보다는, 동시에 여러 의미를 가지는 '의미의 과다함surfeit of meaning'을 품고 있다. 반-젠더 운동가들은 젠더 비평가의 위치를 '전도inversion'하고 역할을 '외재화externalization'하여 '판타즘적 전치phantasmatic displacement'를 유도한다(19). 젠더 이데올로기라는 판타즘은 젠더에만 한정된 것이 아니라 식민주의 및 인종차별주의와도 관련되므로, 트랜스젠더와 논바이너리만이 아니라 국가 정체성, 인종과 민족성, 이주의 문제와도 연결해 논의할 수 있다. 이런 심리-사회적 환상은 신자유주의나 국가주의가 만든 여러 폐해를 하나로 모아 '모든 게 젠더 탓'이라는 비논리적 귀결을 가져온다는 것을 인지하고 이에 공동 대응할 수도 있다.

사라 아메드Sara Ahmed는 공포가 '정동 정치affective politics'라고 생각한다(Ahmed 2014, 64). 강렬한 불쾌 정동인 공포에는 대상이 있지만, 이 대상은 현실보다는 환상과, 현재 여기에 있는 것보다는 아직 오지 않은 미래의 것과 연결된다. 공포는 대상이 다가오는 과정에서, 불안

은 대상에 다가가는 과정에서 발생하는데(Ahmed 2014, 66), 주체가 도망
치고 싶어 하는 공포의 대상은 시간이 지남에 따라 서로가 서로를 대
체하고, 이런 공포의 대상들 사이에서는 전치가 발생한다. 그래서 공
포를 느낀 주체가 대상으로부터 달아나도 공포의 대상은 여전히 위
협으로 남는다(Ahmed 2014, 67). 아메드의 공포 논의를 적용해 보면, 신
자유주의 공포 판타즘이 공포의 대상을 '젠더'로 겨냥하면서도 '젠더'
의 의미를 하나로 고정하지 않고 전방위 모든 문제의 궁극적 원인으
로 확대해석해서 원래 '젠더'의 의미로부터 달아나게 만드는 것이 잘
설명된다.

　　두 번째로『누가 젠더를 두려워하랴』는 젠더가 몸의 물질성
과 '공동-구성'되는 것이며 이분법적 형태론, 즉 젠더 이형성gender
dimorphism을 넘어서는 것이라고 주장한다. 생물학, 정치, 경제, 문화
의 가변적이고 복합적인 배치물인 젠더는 이제 적대적 이원주의를
넘어서서 상호작용, 역동적이고 공동-구성적인 입장에서 조망된다.
성별의 물질성은 과학도 상식도 아니며, 모든 관계의 상호작용 속에
구성되는 공동-구성의 결과물이다. 젠더만큼이나 성별도 살아 있는
몸의 물질성과 관련되고, 살아 있는 몸은 그 몸을 지속시키는 관계들
덕분에 살아 있다면 젠더는 철학과 과학의 상호작용, 역동적이고 공
동-구성적인 입지에 따라 생각해야 한다. 버틀러가 말하는 성별의 물
질성은 중요하며, '물질성'에 대한 어떤 비판적 이해에도 몸을 역사적
으로 자리한 대상으로 파악하려는 이해가 필요하다(Sharpe 2024, 56-67).

　　성별의 물질성은 과학으로 확립되며, 우리는 상식으로 돌아가
야 할까? 상식은 백인이 흑인을 노예화할 때 그리고 결혼을 이성애적

결합으로 고정할 때에도 동원된 것이고, 반-트랜스 페미니즘에도 활용될 수 있다(174-175). 버틀러는 성별이 자연이 아니듯, 젠더는 문화가 아니며, '공동-구성'은 성별 문제에 대한 사회적이고 생물학적인 것의 역동적 관계를 이해할 더 나은 방법이라고 주장한다(188). 또한 앤 파우스토-스털링의 논의를 가져와 '성별/젠더' 주체성을 설명하기 위해서는 성별/젠더의 흔한 이분법, 즉 자연/양육의 이분법을 극복할 '역동적 시스템 틀 짜기a dynamic systems framework'가 필요하다고 주장한다(189). 몸의 체현은 각기 다른 경계가 뚜렷한 현상이 아니라, 오랜 시간 환경과 유기체의 복합적 상호 관계의 결과이다.

일례로 여성은 재생산 능력으로 정의될 수 없다(171). 모든 여성에게 재생산 능력이 있는 것이 아니므로 이런 정의는 우매하고 또 잔인할 수 있다. 영국의 래디컬 페미니스트나 전 세계의 TERF가 주장하는, 가임 능력이 있는 사람만이 여성이라는 정의는 '젠더 정체성 이데올로기'로 작용할 수 있다(149). 마찬가지로, 어떤 사람이 음경을 가졌다는 이유만으로 그 사람을 잠재적 강간자로 볼 수는 없다. 섣부른 일반화는 1인칭 관점을 모든 여성들의 사례로 일반화하려고 '판타즘의 투사phantasmatic projections'를 해서 (트랜스젠더 등) 음경이 있는 사람은 모두 강간 가능자일 것이라고 의심하는 경향이 있다(175). 인터섹스의 성별 교정 수술도 성별 규범이 인간에게 많은 고통을 야기하는 유사한 사례다. 몸의 비규범성과 통약 불능이 예외적 사례가 아니라 젠더의 더 일반적 구조라고 본다면, 젠더의 규범적이고 비규범적인 형태 사이에 단절이 아닌 '연속성continuity'을 확립할 수 있다(202). 이제 젠더는 몸이 범주와 딱 맞을 수 없는 '잠재적 통약 불능potential imcommensurablity'의 이름이다(201).

　　'공동-구성'은『누가 젠더를 두려워하랴』의 서문부터 책 전체에 걸쳐 다뤄지는데, 특히 8장 전체가 '자연과 문화의 공동-구성'을 집중 조망한다. '구성'을 몸의 물질적 현실과 구분되는 인공물이나 모조품으로 이해하는 것은 언제나 잘못인 반면, '공동-구성' 모델은 '물질적이고 사회적인 기여가 젠더화된 몸을 만드는 데 어떻게 얽혀 있는지'를 더 잘 보여 준다.

> 자연은 젠더가 구성되는 토대가 아니다. 몸의 물질적이고 사회적인 차원은 다양한 실천, 담론, 기술을 통해 구성된다. 이 공동-구성의 과정은 몸의 물질성이 우리가 섭취하는 음식, 노출되는 환경, 주변에서 얻는 식품의 종류, 숨 쉬는 공기, 그리고 몸이 형성되고 유지되는 환경 인프라를 통해 어떻게 형성되는지에 주목하게 한다. **이런 것들은 단지 몸 바깥에 존재하는 것이 아니라, 몸을 형성하는 물질**stuff**이기도 하다**(33, 강조는 필자).

　　성별이라는 '물질'의 역동적 특성, 성별의 '공동-구성'은 사회적이고 생물학적 역동 관계를 이해할 더 나은 방식이자 역동적 시스템의 틀이다. 도나 해러웨이Donna Haraway는 "과학적 몸은 이데올로기적 구성물이 아니며, 언제나 근본적으로 역사적으로 특수한 것"이고, "지식의 대상으로서의 몸은 물질적-기호학적 발생의 마디node"이며, "몸의 경계는 사회적 상호작용 속에 물질화된다"고 강조한다(Haraway 1991, 208). 성별과 젠더의 경계도 자연과 문화, 현실과 인공물의 구분처럼 분명하지 않다(206).

      생물학과 면역학 철학자 토머스 프라데우Thomas Pradeu는 진화생물학에서 단일한 유기체의 진화를 지지하는 과학자와, "유기체들의 공-진화와 그 환경"을 지지하는 과학자를 구분하는 발달 시스템 이론을 연구했다(Pradeu 2010, 218). 프라데우에게 유전자는 유기체의 발달에 꼭 필요한 조건 중의 하나지만, 발달 중인 DNA의 평상시 힘은 "다른 요소와의 상호작용을 통해서만" 발생한다. 그는 인용하는 수전 오야마Susan Oyama의 연구를 보면 유전자는 중심적 기능을 하지 않으며, 발달상 특권적 역할도 하지 못한다. 유전자는 보통 상호작용에 의해서만 상관성을 가지므로 자연/양육의 이분법은 폐기되어야 한다. 버틀러는 프라데우의 입장이 "공동-구성"으로 이론화된다고 주장한다(208). 물질성조차 불변의 객관적 사실이 아니라 상호 관계 속에서 공동 구성되면서 변화한다는 것이다.

      신유물론은 지금껏 구성주의를 비판해 왔다. 사회 구성주의, 포스트 구조주의 페미니즘은 물질을 언어에 의해 구성되는 수동적이고 무력한 것으로 보고, 중요한 정치적 실천을 담론과 문화의 문제로만 제한한다고 여기기 때문이다. 로지 브라이도티Rosi Braidotti가 창안한 신유물론은 무엇보다도 육체와 정신, 자연과 문화의 이분법을 거부한다. 브라이도티는 성별화된 자연과 권력관계의 근본적 내재성이 아닌, 관계에 본질적인 권력의 근본적이고 물질적인 힘을 주장해 왔다. 그는 버틀러의 젠더 이론이 동성애적 사랑의 장소로서 모성을 부분적으로 인정하는 한편, 실상은 섹슈얼리티와 성차를 지우고 있다고 비판하고(Braidotti 2002, 33), 체현된 주체성 및 주체 구성 과정에서 성별과 섹슈얼리티 재도입을 촉구한다(김남이 2023, 44). 행위 실재론agental realism이나 내부 작용intra-action으로 잘 알려진 또 다른 대표적 신유물론자 캐런 바라드Karen Barad는 버틀러가 물질을 담론으로 환원시켜서 물질을 제대로 사유하지 못하고 언어에 너무 많은 권력을 준다고 비판한다. 신유물론자들이 버틀러를 비판하는 이유는 대체로 버틀러의 젠더 논의에서 '물질'은 그 자체로는 말할 수도 사유할 수 없는 것으로 제시된다는 점이며, 심한 경우 '실패한 유물론'(Gamble 2019, 118)으로까지 격하된다.

그러나 버틀러의 논의는 몸의 물질성을 무시하는 구성주의나 구성주의적 결정론이 아니다. 버틀러에게 성별이나 몸의 물질성은 자연적 사실만이 아니라 규범적 이상이고, 이미 성별이라는 물질적 사실성에 내재하면서도 없는 척하는 담론의 작용 및 지식 체계와 '상호작용'한 결과물이다. 성별 지정에서 작동하는 판타즘은, 인터섹스 아동의 몸이 기존 범주와 다를 때 이를 몸의 실수, 일탈, 실패로 간주한다. 젠더는 성별화된 몸의 의미가 타인과의 관계에서 어떻게 생산되는지, 또 이 의미가 어떻게 전개되고 변화하는지를 비판적으로 생각할 틀이며, 그런 의미에서 이미 의식, 규범, 문화와 상호작용 중인 물질성이고, 상호작용의 결과 이루어진 공동-구성의 결과물이다.

마지막으로 『누가 젠더를 두려워하랴』는 반-젠더 운동에 대항할 연대의 정치를 촉구한다. 버틀러는 젠더 이데올로기의 유령을 전 지구적 범위에서 일어나는 '권위주의'의 발흥이라는 정치적 맥락에 놓는다. 젠더의 판타즘을 무기화하는 원인의 핵심에는 사실 권위주의가 있고, 젠더 이전의 시대로 세계를 복귀하려는 기획은 '가부장적인 꿈-질서'로의 회귀를 약속하는 광범위한 권위주의적 기획이다(7). 모든 결과에는 그에 합당한 원인이 있고 상식적으로도 젠더가 모든 나쁜 결과의 원인일 수가 없는데, 무지성과 무비판을 앞세워 모든 책임을 젠더 탓으로 돌리는 반-젠더 이데올로기 주장은 과도한 집단주의이자 전체주의적인 운동이다. 앨릭스 샤프Alex Sharpe에 따르면 반-젠더 이데올로기 운동은 그 '결집cohesion'의 일차적 의미가 어떤 유령 phantom에 대해 공통의 반대를 하는 것인 이질적 집단들의 운동이다 (Sharpe 2024, 653). 이런 전체주의 운동에 저항하려면 공통의 연대가 필요하고 페미니즘 및 다른 진보 세력의 연합이 촉구된다.

젠더 논의가 이룬 평등의 실현과 소수자 존중의 성과를 인정하고, 비지성적 공포 정치의 표명인 반-젠더 운동에 맞서려면 연대가 필요하다. 그에 대항할 상상의 영역인 '다른 상상계'를 형성하고 (11), '강력한 세계적 비전compelling vision of the world'을 만들어서(132) 정치적 연대 형태를 통합하며 반-젠더 이데올로기 판타즘에서 힘을 빼야 한다. 이런 판타즘은 '윤리적 규제를 받지 않는 사디즘적 득의만만 a sadistic elation over being freed of ethical constraints'을 보여 주는 사례이므로 효과적 연합의 결성이 시급하다(11).

정체성 너머의 정치는 하나의 정체성을 전경화한 협의의 저항이 아니라, 각자의 정치적 목적이 폭넓은 공통의 대의에 기초하는 광의의 저항을 가능하게 해 준다. 물론 그 광의의 연대 안에는 분쟁도 갈등도 있겠지만 그런 분쟁과 갈등을 논의하고 협의하는 게 평등한 자유를 가진 인간의 민주적 숙려 과정이다. 인간의 취약성과 불안정성을 개선하고 모두에게 살 만한 삶을 보장하라는 주장은 살 만한 삶의 가능성에 입각한 광의의 연대를 만들 수 있다. 물론 연합의 형성은 쉽지 않을 것이다. 그러나 연대는 사랑은 '상호 사랑'을 요구하는 것이 아니라, '억압의 공통된 원인'에 초점을 맞출 것을 요구하므로 (28) 그것은 불가능하지 않다.

그러나 연대를 하려면 늘 해결될 수는 없는 적대감과 함께 해야 한다. 해결 불가능한 것, 예컨대 자본주의, 인종주의, 가부장제, 트랜스 혐오 등 우리의 삶과 기본적 자유를 부인하고, 단번에 우리의 언어와 욕망과 숨 쉴 능력을 앗아 갈 권력 형태들에 대한 투쟁과 함께 가야 한다. 우리 내부의 차이를 무시할 수는 없겠지만, 논쟁을 벌이면서 미래를 위한 연대를 결성하고 그 차이를 끌어안으며 함께 가야한다. 페미니즘의 이름으로 성소수자를 차별하고 트랜스 혐오를 모방할 수는 없다.

> 연대는 늘 해결될 수는 없는 적대감과 함께 머물 것을 요청한다. 다시 말해 해결 불가능한 것에 함께 머물 것을 요구하고, 또한 단번에 우리의 삶과 근본적 자유를 부인하며 우리에게 언어와 욕망과 숨 쉬고 이주할 능력을 앗아 갈 그런 형태의 권력 — 자본주의, 인종주의, 가부장제, 트랜스 혐오 등— 과 맞서 싸우는 일에 머물 것을 요구한다. 우리의 차이를 무시할 순 없겠지만, 가장 긴급한 한 가지 과제가 그 이름에 걸맞은 미래의 모든 민주주의에 꼭 필요한 **자유와 평등의 형태를 확보하기 위해 연합의 힘을 식별하고 강화하는 일**이므로, 우리는 미래의 연대를 만드는 동안 언쟁을 벌이더라도 우리의 차이를 끌어안고 가야

한다(132-133, 강조는 필자).

4. 정체성 정치를 넘어선 연대의 정치를 향해

버틀러가 『살 만한 삶과 살 만하지 않은 삶』과 『누가 젠더를 두려워하랴』를 통해서 말하고 있는 것은 우리 모두에게 살 만한 삶이 보장되어야 한다는 요청이고, 반-젠더 이데올로기 운동은 그 자체가 그런 요청에 역행하는 위험한 이데올로기라는 진단이다. 중요한 것은 혐오감과 분노를 집단적 잠재력과 혁명의 전망으로 바꿀 집단행동의 가능성이다. 혁명의 잠재력이 살아 있는 것은 오직 '작은 노동 행위들이 집적된 힘'을 통해서일 뿐이다(Butler 2022, 105). 생명을 계속 살게 하라는 요구는 중요하다. 그 말은 살 만한 삶의 조건을 요구하라는 것이고, 살 만한 삶의 조건엔 여성, 흑인과 갈색인종, 트랜스젠더와 퀴어들, 그리고 정치적 소속 때문에 처벌받거나 실종된 모든 사람의 살해를 끝내는 것이 포함된다.

버틀러는 개인의 자유personal liberty와 다른 자유freedom를 구분한다. 여러 변형태로 나타나는 개인의 자유는 세계를 파괴하는 힘이지만, 또 다른 형태의 자유는 사회적 삶 속에, 공통의 세계를 추구하는 삶 속에, 공통의 세계를 자유롭게 추구하는 삶 속에 등장한다(Butler 2022, 33). 생명 다양성biodiversity을 고려하지 않고, 기후변화에 대응하지 않고, 탄소 배출을 제한하지 않고 산다면 우리는 스스로 살기 부적합한 세상을 만들게 될 것이다. 개인의 자유에 아무 제한이 없다면 우리는 살 만한 삶을 희생하면서 자유를 구가하겠지만, 한편으로 자유의 이름으로 지구와 세계를 파괴하면서 삶을 살 만하지 않게 만들 것이다.

앰버 나이트Amber Knight는 버틀러의 정치윤리학의 핵심이 '자율성'과 '취약성'에 있다고 주장하며, '자율성'에 대한 버틀러의 생각이 시간이 지남에 따라 발전했고 현재에는 취약성과 섞여 있다고 본다. 버틀러의 공동체는 "비폭력 윤리에 헌신하는 확장된 정치 공동체"(Knight 2021, 187)이다. 그래서 그는 자율성을 포기하는 것이 아니라 구성적 타율성에 기반한 자율성, 즉 '상호 의존의 네트워크 속에서 구성되는 자율성'을 추구한다. 이 자율성은 타율성으로부터 발전되므로 타율성을 전제한다는 패러독스를 가진다. 버틀러가 비판하는 자율성은 특정한 자율성, 즉 주권적 자아를 강조하고 의존성을 부인하는 '급진적 자율성'이나 '주권적 자율성'이지 모든 자율성이 아니다. 우리의 불안정함과 타인에 대한 근본적 상호 의존성이 선택과 행동의 기반을 형성한다. 우리는 개별적인 존재이면서 필연적으로 타인과 얽혀 있기 때문에, 자율성이 본래 관계적인 것이라고 생각한다면, 타인에 대한 취약성이 자율적 사상과 행동에 핵심적인 부분이 될 수 있다. 자율성은 이 세상을 살아가는, 사회적으로 조건화된 방식이다 (Butler 2004, 76-77).

'취약성'은 매혹적인 진보와 해방의 잠재력을 포함하는 것이고, 버틀러의 "살 만한 삶" 개념에 담긴 자율적 삶의 가치를 통해 가장 잘 활용될 것이기도 하다. 최근 버틀러의 저작은 젠더 너머까지 수행성을 적용하고 있으며, 거리 시위, 항쟁, 민주적 연합 구축, 법적 구제, 물적 재분배를 포함해서 살 만함을 위해 불안정성을 전복하는 반성적, 자율적, 적극적 민주주의 실천을 강조한다. 이는 자발적이고 의도적인 사회 계약에서 오는 윤리적 의무가 아니라 '불안정함이라는 공통된 조건'에서 서로 의지하고 의존하는 '사회적 존재의 자율성'에 기반하는 것이라 주장한다. 그것은 비폭력 윤리에 기반한 폭넓은 정치 공동체 형성의 가능성이기도 하다.

샤프는 '젠더 이데올로기'라는 유령이 40여 년 동안의 신자유주의, 글로벌리즘, 긱 경제gig economy, 불안정성의 증가, 공적 영역의 붕괴, 그리고 산업의 붕괴 및 정체성과 공동체의 파열과 관련이 있다고 진단한다(Sharpe 2024, 657). 물론 이 모든 것은 젠더와 필연적 관계가 없다. 여러 우익 정치 세력이 젠더를 우리의 집단적 고민의 희생양으로 삼기 위해서, 불안감을 악용하고 악화시켜 실존적 위기의 진짜 원인을 못 보게 만든 결과에 불과하다. 젠더를 희생양으로 만든 것은 "꿈을 꾸는 공적인 방식"(15)으로 "가부장 권위에 기반한 질서를 재정립"하려는 욕망 때문이다. 버틀러는 반-젠더 이데올로기를 설명하면서 파시즘이라는 말도 쓰는데, 이는 포퓰리즘이나 반지성주의, 민주주의의 침해, 친기독교 반-세속주의를 지칭하는 것이고, 반-젠더 운동의 기반을 형성하고 확대해 온 정치 문화적 자유주의 반대에 대한 우려를 반영한다.

그 누구도 '무로부터' 우리를 창조할 선택권을 갖지는 못한다(Butler 2009, 183). 우리는 사회, 역사, 정치적 맥락의 복잡한 권력 지형과 인식 담론의 패권 쟁탈 속에서 인간의 의미, 젠더의 가치, 안정된 삶에 대한 지향을 발전시킨다. 그러나 특정 집단을 배척하거나 억압하는 생명체는, 다시 말해 특정 인구에게 살 만한 삶의 가능성을 원천 차단하는 사람은 평등을 지향하는 '우리' 공동체의 일원이 되기는 어렵다. 페미니즘은 언제나 정의를 위한 투쟁이었으며, 적어도 최선의 모습에서는 연대와 차이의 긍정을 통한 정의 투쟁을 지향해 왔다. TERF가 트랜스젠더의 삶을 부정하고 개인적 트라우마를 핑계 삼아 차별, 존재 부정, 증오를 가하고 또 다른 상처를 준다면 그것은 정의를 위한 연대를 구축하는 것이 아니라 또 다른 불의를 저지르는 것이다.

우리는 정체성 정치에서 '연대의 정치'로 나아가야 한다. 변화를 거부하는 고정된 이데올로기는 권력과 위계로 나아갈 수 있으므로 변화를 추구하는 공동체 정치가 필요하다. 카를 만하임Karl Mannheim은 『이데올로기와 유토피아Ideology and Utopia』에서 이데올로기는 불안정성을 만날 때 기존 사회 질서를 보존하는 작용을 하지만, 이는 사회 속 집단적 변화의 상상계를 만들 잠재력을 발휘하는 유토피아의 대항을 받을 수 있다고 말한다. 이때 이데올로기가 기존 권력 체제를 고수하려는 보수적 고정성이라면, 유토피아는 더 나은 세계를 위한 집단적 변화의 가능성일 것이다. 고정성에 반대하는 변화의 추구는 미래의 희망이 될 수 있지만, 변화의 거부는 전체주의나 독재의 위협을 드리운다. 지금은 설령 그것이 허구이고 이상이고 관념일지라도 미래를 향한 우리의 상상력이 그 어느 때보다 중요한 시기다. 인간의 살 만한 삶, 자유와 평등이 보장되는 더 나은 미래를 이루기 위한 '우리' 연대의 공통된 기반으로서 '다른 상상계'가 긴급히 촉구된다. '협주된 상상'에 토대를 두고 연대를 이루어야 한다는 윤리적 요청이 지금 우리에게 오고 있다.

■ **나가며**

우리 모두의 살 만한 삶과 평등한 애도 가능성을 위하여

이 책은 대략 2015년부터 2024년까지 주디스 버틀러의 저작을 살펴보고 그 정치윤리학의 중요성을 가늠하며 현실의 양극화와 차이의 혐오에 대한 해법으로서의 가능성을 타진하기 위해 쓰였다. 2001년 9·11 사건을 계기로 젠더에서 정치윤리로, 나에서 우리로 전환을 이룬 버틀러가 신자유주의 세계의 보수적 반동 정치와 반-젠더 운동에 대응하기 위해 2024년 다시 젠더를 소환하는 과정도 부각하고자 애썼다. 각 장은 주지하다시피 학회지에 게재했던 논문들을 수정하여 단행본의 성격에 맞게 고쳐 썼다. 또한 필자가 논문을 작성할 당시 해당 저작들은 번역본이 없던 상태였는데, 이후 단행본이 출간되었기에 버틀러 저서는 국내 출간된 역서의 제목으로 모두 고쳐 썼다.

　　1장은 미국의 젠더 이론가이자 퀴어 학자로 알려진 주디스 버틀러의 후기 정치윤리 사상, 그중에서도 '프레카리티' 정치윤리 사상을 한나 아렌트의 '비선택적 공거'와 연결해서 『연대하는 신체들과 거리의 정치』를 중심으로 고찰했다. 점점 제한된 사회적, 정치적 불안정에 놓이게 되는 지구상 모든 인구의 평화로운 공존을 모색하려는 버틀러의 프레카리티 정치사상은 레비나스의 타자 윤리학과 아렌트의 정치철학의 영향을 받아 윤리와 정치를 결합하고자 한다. 우선 인간은 이 지구상에서 자신이 누구와 살지를 결정할 수 없다는 조건에

놓여 있다. 이런 '비선택적 공거'는 한나 아렌트가 『인간의 조건』에서 주장하는 '행위'의 근본적 조건인 '다원성'과 관련된다. 인간의 모든 측면이 정치와 어느 정도 관련은 되지만 다원성은 특히 정치적 삶의 필요조건일 뿐 아니라 가능 조건이라는 면에서 절대적 조건이다. 두 번째로 버틀러에게 유대적 선민사상을 부정하는 비선택적 공거는 내가 모르는 다른 여러 타인들과 함께 사는 삶의 가능성, 모두가 근본적으로 취약하기 때문에 상호 의존 속에 살아가는 보편적 프레카리티의 정치로 연결될 수 있다. 다원적 인간이 지구상에 공존한다는 사실은 인간의 몸이 가지는 근원적 취약성과 상호 의존성에 근간한 '몸의 정치학'을 가능케 한다. 불안정함과 구분되는 '프레카리티'는 지구상에 디아스포라처럼 확산되는 다양한 인간의 불확실한 삶에서 평등과 자유를 확장할 수 있기에 윤리적이다.

　　이 책 전체를 관통하는 핵심 개념 중 하나로 반복해 설명했듯 프레카리티는 정치적이고 사회적으로 유도된, 불평등한 불안정성이자 위태성이다. 이런 프레카리티는 근대 인권선언 이후의 평등한 인간을 계급화하고 차등화하면서 약자에 대한 강자의 폭력을 정당화하는 근거로 활용된다. 그에 따라 강자에게 복종하고 약자에게 군림하는 태도를 규범화하고 다른 한편 약자에 대한 혐오와 증오를 양산한다. 그러나 혐오와 증오는 공포만큼이나 정치적으로 만들어진 감정이다. 우리가 이런 혐오와 증오에 저항하고 또 이를 극복할 힘이 어디에서 올까? 그 힘을 위해 우리는 거리에서 평화적인 시위를 벌이는 비폭력 연대의 결속력이 필요하다. 그래서 비폭력의 힘은 아무 저항도 하지 않는 수동적 평화가 아니라, 평화를 지키기 위해 적극적으로 활동하는 호전적 평화주의에 가깝다. 이는 버틀러의 다음 저작인 『비폭력의 힘』의 문제의식으로 이어진다.

　　그래서 2장은 『비폭력의 힘』을 중심으로 취약성, 불안정성, 박탈을 겪는 삶의 소수자가 상호 의존의 방식으로 연대해 비폭력 저항을 실천하고 인본주의의 보수화를 피하면서 현실의 당면한 정치적 문제에 대한 윤리적 해법을 모색했다. 2001년 9·11이후 몸의 취약성과 감정의 관계성에 주목한 버틀러는 인간의 공통 토대를 인간의 '근원적 취약성'에서 찾는다. 취약성은 권리의 차등적 분배인 동시에 그것을 극복할 연대의 가능성, 즉 정치적 행위 주체성이자 그에 대응할 윤리적 반응이 될 수 있다. 취약한 몸의 집단이 공공장소에 나타나는 집회의 수행성은 폭력에 비폭력적으로 대항할 힘이자 윤리-정치의 결속점이다. 버틀러는 인간의 몸의 취약성, 서로에게 의존하는 관계성, 탈규범적 사유의 확대, 그리고 폭력에 대항하는 비폭력 주장을 통해 주체의 공격성이 윤리적으로 표명되는 새로운 정치윤리를 세우고자 했다.

　　이런 새로운 정치윤리의 수립은 시작도 전에 큰 위기를 맞이했다. 바로 그것은 2019년에 발발한 코로나19 팬데믹 위기이다. 이 위기는 비대면 기술을 지원할 4차 산업혁명이라는 커다란 변화를 앞당기기도 했지만 변화에 적응하지 못한 많은 사람들 간에 프레카리티와 우울증을 폭발시켰다. 코로나가 가져온 불평등 심화는 기술, 의료, 심리 면에서 강하게 부각되었고, 특히 우울증은 삶의 가능성을 위기에 놓이게 했다. 이런 사회에서 우리에게 필요한 것은 무엇일까? 우울감을 호소하며 우울증에 머물러야 할까, 아니면 조증을 소환해서라도 생명의 존속을 위해 적극적 활동을 해야 할까? 버틀러의 부분적 해답은 우울증의 자기 파멸보다는 조증의 긍정적 생명력을 활용하자는 것이다. 이 문제를 위해 나는 포스트 팬데믹 시대의 우울증과 그것에 대한 해법으로서 버틀러가 제시하는 조증에 대해 논의하고자 했다.

　　그에 따라 3장은 『지금은 대체 어떤 세계인가』(2022)의 문제의식에서 폭발된 포스트 팬데믹 시대의 심리적 상실을 버틀러의 우울증, 애도, 조증의 관점에서 조망했다. 우울증은 『젠더 트러블』에서 포기된 사랑의 대상이 주체의 젠더화된 자아를 구성하는 방식으로 설명되는데, 이후 『권력의 정신적 삶』에서는 공적 분노와 공적 저항의 사회적 현상으로 논의된다. 공적인 애도를 거부당한 사람들의 집회와 시위를 통한 분노와 투쟁의 수행성을 강조하는 것이다. 문화적으로 지배적인 금지가 강제하는 상실은 우울증으로 이어지고 그것이 젠더 우울증 문화를 만든다. 윤리적 선회의 지점으로 알려진 『젠더 허물기』와 『위태로운 삶』 이후에는 금지된 애도가 사회적이고 문화적인 우울증으로 이어지게 되므로, 공적인 애도의 불평등에 저항하기 위해 상실에 대한 평등한 인정으로서의 '애도 가능성'에 초점을 두게 된다. 『비폭력의 힘』은 세계와 자아의 파괴 행위에 맞서는 저항으로서의 조증과 비판력에 특별히 주목해서 자아를 지키고 살 만한 세계에서 비현실적 연대를 결속할 대등한 대항적 힘에 집중한다. 급진적 평등주의에 입각한 평등한 삶의 가능성, 평등한 상실의 애도 가능성은 폭력에 대항하기 위해 살 만한 삶에 대한 보편적 감수성으로 향하고, 공적인 애도와 연대하는 조증으로 사회적 불평등에 저항할 비폭력 정치 투쟁의 가능성이다.

비폭력 정치 투쟁의 가능성은 가능성인 만큼 실천적 행동이 따르지 않는 한 그저 가능성으로 남는다. 그렇다면 현실에서 우리는 어떤 실천, 어떤 행동을 해야 할까? 세계는 경제성장 둔화에 따른 보수화와 규범화가 진행 중이고 18세기 계몽주의 이전의 세계로 돌아가려는 목가적 향수마저 부활하고 있다. 그것은 필연적으로 젠더 논의에 대한 무지성적 거부, 강대국의 부활과 과거의 영광에 대한 지향으로 나타나기도 했다. 생물학적 성별의 안정성을 고집하는 경향이 강화되고, 미국을 위시한 강대국들에서 국가주의가 부활하며 21세기 현재, 오히려 평등이 더 위험한 역설적 상황에 놓여 있다. 정치적 내전으로 인한 난민, 코로나19 팬데믹으로 인한 취약 계층, 보수적 기독교 집단 중심의 LGBTQIA+ 차별과 같은 세계적 백래쉬 현상이 나타나고 있다. 그렇다면 우리 모두에게 중요한 것은 살 만한 삶의 가능성이고, 이 살 만한 삶에 젠더는 너무나 중요한 방식으로 개입해 있다는 재각성이 필요하다. 우리의 미래는 우리의 정치적 지향, 대안적 상상계에 대한 합의로부터 시작된다고 할 수 있다. 그래서 살 만한 삶과 자유로운 젠더에 대한 논의를 위해 협주된 상상의 필요성을 논의할 필요가 있다.

그래서 4장은 가장 최근 버틀러의 관심사인 '살 만한 삶'과 '젠더'에 대한 논의를 고찰했다. 버틀러는 『살 만한 삶과 살 만하지 않은 삶』에서 프랑스 생기론자 프레데리크 보름스와 '살 만한 삶과 살 만하지 않은 삶'이라는 주제로 각각 정치와 생명의 관점에서 대화를 나누었다. 그리고 『누가 젠더를 두려워하랴』에서는 '젠더와 반-젠더'에 관한 최근 생각을 논의했다. '젠더'는 그의 주저『젠더 트러블』에서 핵심 주제였지만 9·11 이후의 '윤리적 전회' 이래 잘 다루지 않던 것인데, 이 책을 통해 그는 다시 '젠더' 문제로 돌아왔다.『살 만한 삶과 살 만하지 않은 삶』에서는 누구에게나 평등한 '살 만한 삶의 조건'을 요청하고,『누가 젠더를 두려워하랴』에서는 지금의 반-젠더 운동을 비판했다. '공동-구성'의 관점에서 보는 가변적이고 유동적인 젠더는 고정된 이데올로기가 될 수 없다. 그럼에도 불구하고 '젠더 이데올로기'라는 이름으로 젠더를 모든 불안정함과 불안정성의 원인으로 지목하는 공포 정치인 '젠더 판타즘'은 비판적으로 조망할 필요가 있다. 이를 극복하기 위해서는 '협주된 상상'에 기반한 '대항 상상계'가 필요하며, '자유'와 '평등'에 입각해서 반-젠더 이데올로기 운동의 표적이 된 대상들의 초국적 연대, 정체성 정치를 넘어선 연합이 촉구된다.

　　지금도 여전히 인간과 젠더는 중요하다. 21세기 인공지능과 첨단 테크놀로지의 세상에도 인간은 몸을 가진 존재라 상호 협력과 상호 의존이 필요하고, 젠더는 그런 인간의 정체성에 중핵 역할을 하기 때문이다. 인간에겐 불굴의 정신과 달리 취약한 몸이 있고, 그 취약함 때문에 서로 돕고 연대하며 관계를 맺으며 산다. 내가 나를 무엇이라고 생각하는지는 나와 내가 맺는 관계에 중요하며, 나의 욕망과 사회적 인정에도 너무나 깊은 영향을 미친다. 나는 몸을 가진 유기적 생명체이고 타인과의 관계 없이는 살 수 없는 존재라서 모든 인종, 계급, 출신 지역, 사용하는 언어, 지배적인 가치와 문화, 정치적 상황, 그리고 성별, 젠더, 섹슈얼리티를 통틀어서 상호 의존성과 상호 연대는 우리의 삶에 그 무엇보다 중요하다.

우리는 살 만하지 않아도 여전히 살아간다. 그것이 우리 삶의 모순이고 양가성이다. 자크 데리다의 살아가기sur-vive 논의를 꼭 빌려 오지 않더라도, 우리가 살 만하지 않은데도 살아갈 수 있는 것은 서로의 존재 덕분이다. 생물학적, 물리적 현실이 부족해도 서로의 인정과 존중 속에 삶의 가치를 발견하고 의미와 동력을 얻는 것은 인간만의 특성이기 때문이다. 이런 우리는 과연 어떤 미래를 향해야 할까? 여전히 모든 삶은 불평등하므로 그것을 인정하고 위계를 수용하는 방향으로 가야 할까? 아니면 불평등한 현실을 개선할 대안적 세상을 상상으로나마 꿈꿔야 할까?

우리의 상상력은 미래를 바꿀 수 있다. 우리가 더 나은 대안적 공동체를 꿈꾼다면, 그것이 평등주의 상상계이건 아니면 그저 지금과 다른, 또 다른 상상의 영역이건 그 자체가 생각을 형성하고, 생각은 언어를 만들고, 언어는 존재를 만들어, 그 기준점을 향한 행동을 이끈다. 그리고 반복된 행동은 길을 만들고, 제도를 만들어 결국 그런 세상을 만들 수가 있다. 이 모든 것의 출발점에는 생각이 있고 상상력이 있다. 상상력은 작은 씨앗에 불과하고, 아직은 미미한 출발점이지만 구전되는 옛이야기나 동화나 민담 속의 강력한 내러티브처럼 강력하게 작동할 힘이 있다. 우리 사회는 정의롭지도 사랑으로 가득하지도 않지만, 할머니가 들려주는 옛이야기는 권선징악의 정의와 사랑의 힘이 가치 있다고 믿게 만들어 주거나 최소한 믿고 싶게 해 준다. 그 정의와 사랑에 대한 기대와 희망은 정의롭지도 않고 사랑도 없는 현재를 견딜 힘을 우리에게 주고, 어쩌면 미래에는 가능할 수도 있다는 희망도 준다.

더 나은 미래의 삶과 공동체를 위한 이런 상상력이야말로 과학기술만큼 중요한 인문학이 기여하는 부분이다. 또한 과학과 문학이라는 양 날개가 균형을 맞추며 인간을 미래로 훨훨 날게 할 도약의 발판이다. 만하임식으로 말하면 그것은 고정된 이상으로서 이데올로기가 아니라 변화하고 수정되는 과정 중의 유토피아일 것이고, 푸코식으로 말하면 그것은 다른 시간 및 공간과 연결되는 헤테로토피아일 것이며, 들뢰즈식으로 말하면 여러 요소들이 관계를 맺으며 구성되는 집합체로서의 아상블라주일 것이다. 버틀러는 그것을 평등주의 상상계 혹은 대안적 상상계라고 말하고, 협주된 상상에 기반한 '다른 상상계'라고 말한다. 평등주의 상상계이건 협주된 상상의 영역이건, 거대한 명명이나 관념화된 이름으로 고정하는 것은 오히려 중요하지 않다. 중요한 것은 우리가 더 살 만한 삶을 위해 더불어 만들어 가고 싶은 미래를 함께 상상한다는 사실이고, 그 공통의 상상력은 새로운 미래, 그리고 더 나은 미래를 꿈꿀 수 있는 인간만의 능력이라는 현실이다. 그리고 이 과학기술 시대에 인문학이 무엇보다 절실한 이유이기도 하다. 그래서 나는 바로 지금이 상상력이라는 인간만의 출중한 능력을 활용해 더 나은 미래를 위한 공통된 가치를 탐색하고 그 가치를 공유하는 것이 그 어느 때보다도 중요한 시점이라고 생각한다.

참고문헌

김남이. 2023. 「신유물론(들)과 페미니즘, 그리고 버틀러 비판」. 김남이 외. 『신유물론×페미니즘: 몸, 물질, 생명』. 서울: 여이연, 15-48.

김비환. 2001. 『축복과 저주의 정치사상: 20세기와 한나 아렌트』. 서울: 한길사.

김선욱. 2015. 『한나 아렌트의 공화주의: 아모르 문디에서 레스 푸블리카로』. 서울: 아포리아.

김혜숙. 2008. 「세계적 철학자 7명 릴레이 인터뷰 ⑤주디스 버틀러 버클리대 교수」. 『중앙일보』. 2008년 1월 31일. 〈https://www.joongang.co.kr/article/3028512〉

김호기. 2020. 「2020년대 한국 제1의 과제 … '불평등의 해소'」. 『한국일보』. 2020년 9월 15일. 〈https://www.hankookilbo.com/News/Read/A2020091409290001528〉

누스바움, 마사. 2020. 『타인에 대한 연민』. 임현경 역. 서울: 알에이치코리아.

만하임, 카를. 2012. 『이데올로기와 유토피아』. 임석진 역. 서울: 김영사.

머콜라, 조지프·로니 커민스. 2022. 『코로나 3년의 진실』. 이원기 역. 서울: 에디터.

버틀러, 주디스. 2024. 『젠더 트러블: 페미니즘과 정체성의 전복』. 조현준 역. 서울: 문학동네.

버틀러, 주디스·조현준. 2021. 「주디스 버틀러와의 대화: 오늘날의 페미니즘」. 연구모임 사회비판과대안 엮음. 『능력주의와 페미니즘』. 고양: 사월의 책, 265-275.

버틀러, 주디스·프레데리크 보름스. 2024. 『살 만한 삶과 살 만하지 않은 삶』. 조현준 역. 서울: 문학과지성사.

서유경. 2009. 「아렌트의 정치-윤리학적 관점에서 본 레비나스의 '타자(the other)' 개념의 문제」. 홍원표 외. 『한나 아렌트와 세계 사랑』. 고양: 인간사랑.

아탈리, 자크. 2020. 『생명경제로의 전환』. 양영란 역. 서울: 한국경제신문.

여성문화이론연구소. 2015. 『페미니즘의 개념들』. 서울: 동녘.

오주영. 2021. 「20~30대 젊은층 우울의 늪 '코로나 블루' 경보」. 『데일리메디』. 2021년

7월 18일. 〈http://www.dailymedi.com/detail.php?number=871882〉

이준영. 2020. 「큐코노미, 멘털데믹, 코로나 카스트 … 달라진 세상, 쏟아지는 신조어 들」.『한국일보』. 2020년 8월 5일. 〈https://www.hankookilbo.com/News/Read/A2020080410000000294〉

이지혜. 2021. 「36.8% '코로나 블루' 호소 … OECD 중 한국이 최다」.『한겨레』. 2021년 5월 18일. 〈https://www.hani.co.kr/arti/economy/economy_general/995688.html#csidxecc1370b3a3eb9fbec923a2ee4a782f〉

이진우. 1996. 「근본악을 경험하고 세계애로 사유하다」. 한나 아렌트.『인간의 조건』. 서울: 한길사.

이현경. 2020. 「슈바프 WEF회장 "코로나19가 4차 산업혁명 가속화할 것"」.『동 아사이언스』. 2020년 9월 16일. 〈https://m.dongascience.com/news.php?idx=39846〉

전혜영. 2021. 「코로나 2년차, '코로나 블루' 나아졌을까? 설문결과는…」.『헬스조선』. 2021년 9월 9일. 〈https://health.chosun.com/site/data/html_dir/2021/09/09/2021090900962.html〉

정혜욱. 2023. 「혐오발언, 주체의 행위성, 몸의 수행성」.『비평과이론』제28권 제1호. 한국비평이론학회, 271-313.

조현준. 2013. 「주디스 버틀러의 정치 윤리학: 근본적 상호 의존성과 윤리 폭력에 대한 비판」.『인문학연구』제24호. 경희대학교 인문학연구원, 29-56.

_____. 2014.『젠더는 패러디다』. 서울: 현암사.

_____. 2016. 「주디스 버틀러: 젠더 계보학」. 여성문화이론연구소 정신분석세미나 팀.『페미스트 정신분석이론가들』. 서울: 여이연.

_____. 2017a. 「한나 아렌트의 비선택적 공개와 주디스 버틀러의 프레카리티 정치학: 몸의 정치학과 윤리적 의무」.『비교문화연구』제48권. 경희대학교 비교문화연구소, 361-389.

_____. 2017b. 「나에서 우리로, 젠더에서 인간으로: 주디스 버틀러의『젠더 트러블』과『젠더 허물기』비교연구」.『여성문학연구』제40호. 한국여성문학학회, 239-266.

_____. 2020. 「페미니즘은 여성이 무엇이고 무엇을 할 수 있는지에 대한 생각을 확장시켜」.『대산문화』제76호. 대산문화재단.

_____. 2021. 「비폭력의 힘과 평등주의 상상계: 주디스 버틀러의 비폭력 윤리학」.『비평과이론』제26권 제1호. 한국비평이론학회, 185-211.

_____. 2022. 「폭력의 정치 프레임 재편을 향한 평등주의 공동체의 윤리적 투쟁, 『비폭력의 힘』」. 『아시아여성연구』 제61권 제1호. 숙명여자대학교 아시아여성연구원, 283-295.

지젝, 슬라보예. 2020. 『팬데믹 패닉』. 강우성 역. 서울: 북하우스.

크림프. 더글라스. 2021. 『애도와 투쟁』. 김수연 역. 서울: 현실문화.

테일러. 애스트라 엮음. 2012. 『불온한 산책자』. 한상석 역. 서울: 이후.

홍원표. 2011. 『아렌트: 정치적 존재이유는 자유다』. 서울: 한길사.

Ahmed, Sara. 2014. *The Cultural Politics of Emotion*. New York: Routledge.

Arendt, Hannah. 1963. *Eichmann in Jerusalem*. New York: Schocken.

_____. 1972. *Crises of the Republic*. New York: Harcourt Brace Jovanoovich.

_____. 1973. *On Totalitarianism*, San Diego, CA: Harcourt.

_____. 1998. *Human Condition*. Chicago, IL: University of Chicago Press.

Brandy, Anita·Tony Schirato. 2011. *Understanding Judith Butler*. London: Sage.

Braidotti, Rosi. 2002. *Metamorphoses: Towards a Materialist Theory of Becoming*. Cambridge: Polity Press.

Butler, Judith. 1990. *Gender Trouble: Feminism and the Subversion of Identity*. New York: Routledge. (『젠더 트러블』. 조현준 역. 문학동네. 2024)

_____. 1997. *Psychic Life of Power: Theories in Subjection*. Stanford, CA: Stanford University Press. (『권력의 정신적 삶: 예속화의 이론들』. 강경덕·김세서리아 역. 그린비. 2019)

_____. 2000. *Antigone's Claim*. New York: Columbia University press. (『안티고네의 주장』. 조현준 역. 동문선. 2005)

_____. 2004a. *Undoing Gender*, New York: Routledge. (『젠더 허물기』. 조현준 역. 문학과지성사. 2015)

_____. 2004b. *Precarious Life: The Powers of Mourning and Violence*. New York: Verso. (『위태로운 삶: 애도의 힘과 폭력』. 윤조원 역. 필로소픽. 2018)

_____. 2005. *Giving an Account of Oneself*. New York: Fordham University Press. (『윤리적 폭력 비판: 자기 자신을 설명하기』. 양효실 역. 인간사랑. 2013)

_____. 2009. *Frames of War: When is Life Grievable?* New York: Verso. (『전쟁의 프레임들: 삶의 평등한 애도가능성을 향하여』. 한정라 역. 한울. 2024)

_____. 2011a. "Is Judaism Zionism?" Judith Butler et al. *The Power of Religion in the Public Sphere*. New York: Columbia University Press, 70-91.

_____. 2011b. *Politics of Culture and the Spirit of Critique: Dialogues*. New York: Columbia University Press.

_____. 2012. *Parting Ways: Jewishness and the Critique of Zionism*. New York: Columbia University Press. (『주디스 버틀러. 지상에서 함께 산다는 것』. 양효실 역. 시대의 창. 2016)

_____. 2015. *Notes Toward a Performative Theory of Assembly*. Cambridge, MA: Harvard University Press. (『연대하는 신체들과 거리의 정치: 집회의 수행성 이론을 위한 노트』. 김응산·양효실 역. 창비. 2020)

_____. 2016. "Rethinking Vulnerability and Resistance." *Vulnerability in Resistance*. Judith Butler et al., ed. Durham, NC: Duke University Press, 12-27

_____. 2020. *The Force of Nonviolence: An Ethico-political Bind*. New York: Verso. (『비폭력의 힘: 윤리학-정치학 잇기』. 김정아 역. 문학동네. 2021)

_____. 2021. *Bodies That Still Matter*. Amsterdam: Amsterdam University Press.

_____. 2022. *What World Is This?: A Pandemic Phenomenology*. New York: Columbia University Press. (『지금은 대체 어떤 세계인가』. 김응산 역. 창비. 2023)

_____. 2024. *Who's Afraid of Gender?* New York: Farrar, Strauss and Giroux. (『누가 젠더를 두려워하랴』. 윤조원 역. 문학동네. 2025)

Butler, Judith·Athena Athanasiou. 2013. *Dispossession: the Performative in the Political*. Cambridge: Polity Press. (『박탈: 정치적인 것에 있어서의 수행성에 관한 대화』. 김응산 역. 자음과모음. 2016)

Butler, Judith·Amia Srinivasan. 2020. "Judith Butler: on COVID-19, the politics of non-violence, necropolitics, and social inequality." Verso Books. July 23, 2020. video, 1:06:48. 〈https://www.youtube.com/watch?v=6Bnj7H7M_Ek〉

Butler, Judith·Gayatri Chakravorty Spivak. 2007. *Who Sings the Nation State?: Language, Politics, and Belonging.* London: Seagull Books. (『누가 민족국가를 노래하는가』. 주해연 역. 산책자. 2008)

Chambers, Samuel A.·Terrel Carver. 2008. *Judith Butler and Political Theory: Troubling Politics.* London: Routlege.

Çubukça, Ayça. 2021. "Review: The Force of Nonviolence: An Ethico-political Bind." *Contemporary Political Theory* 20, s95-s98.

Das, Saswat Samay·Dhriti Shankar. 2021. "The Force of Nonviolence: An Ethico-political Bind by Judith Butler (review)." *South Central Review* 38(1), 101-104.

Doane, Janice. 1992. *From Klein to Kristeva: Psychoanalytic Feminism and the Search for "Good Enough" Mother.* Ann Arbor, MI: University of Michigan Press.

Faye, Shon. 2022. *Transgender Issue: Trans Justice Is Justice For All.* London: Verso.

Freud, Sigmund. 1960. "The Ego and the Super-Ego." *The Ego and the Id.* Joan Riviere, trans. James Strachey, ed. New York: Norton.

_____. 1975a. "Mourning and Melancholia." *The Standard Edition of the Complete Psychological Works of Sigmund Fraud XIV.* London: Hogarth Press.

_____. 1975b. "Why War?" *The Standard Edition of the Complete Psychological Works of Sigmund Fraud XXII.* London: Hogarth Press.

Gamble, Chrostopher·Joshua Hanan·Thomas Nail. 2019. "What is New Materialism?" *Angelaki* 24(6), 111-134.

Haraway, Donna. 1991. *Simians, Cyborgs and Women: The Reinvention of Nature.* New York: Routledge.

Kirby, Vicki. 2006. *Judith Butler : Live Theory.* New York: Continuum International Publishing Group.

Klein, Melanie·Joan Riviere. 1964. *Love, Hate and Reparation.* New York: Norton.

Knight, Amber. 2021. "Feminist Vulnerability Politics: Judith Butler on Autonomy and the Pursuit of 'Livable Life'." *Feminist Formations* 33(3), 175-198.

Laplache, Jean. 2000. "The Other within Rethinking Psychoanlaysis." *Radical*

Philosophy 102, 32-41.

Lloyd, Moya. 2007. *Judith Butler*. Cambridge: Polity Press.

_____. 2008. "Towards a cultural Politics of Vulnerability: Precarious Lives and Ungrievable Death." *Judith Butler's Precarious Politics*, Terrel Carver·Samuel A. Chambers, ed. London: Routledge.

_____. 2015. "Ethics and Politics of Vulnerable Bodies." *Butler and Ethics*. Moya Lloyd, ed. Edinburgh: Edinburgh University Press.

Loizidou, Elena. 2007. *Judith Butler: Ethics, Law, Politics*. London: Routledge.

Mbembe, Achille. 2003. "Necropolitics." *Public Culture* 15(1), 11-40.

Mills, Catherine. 2015. "Undoing Ethics: Butler on Precarity, Opacity, and Responsibility." *Butler and Ethics*. Moya Lloyd, ed. Edinburgh: Edinburgh University Press.

Nancy, Jean-Luc. 2012. "In Place of Utopia." *Existential Utopia: New Perspective on Utopian Thought*. Patricia Vieira·Micheal Marder, ed. New York: Continum.

Pradeu, Thomas. 2010. "An Organism in Developmental Systems Theory." *Biological Theory* 5(3), 216-222.

Ricoeur, Paul·Katheleen Blamey·John B. Thompson. 1991. *From Text to Action: Essays in Hermeneutics II*. Evanstone, IL: Northwestern University Press.

Rozemarin, Miri. 2020. "Those Who Gather in the Street: Butler's Vulnerable Political Subject." *Philosophy Today* 64(3), 599-616.

Scott, Joan. 2010. "Gender: Still a Useful Category of Analysis?" *Diogenes* 57(1), 7-14.

Sharpe, Alex. 2024. "Review Essay: Judith Butler, Who's Afraid of Gender?" *Law and Critique* 35(3), 653-671.

Taylor, Astra. 2008. *Examined life*. Zeitgeist Films. 1h 27min.

참고문헌

찾아보기

ㄱ

결속점 174
공격성 11, 65, 71, 72, 76, 79, 81-86, 91, 92, 94,
    107, 113, 130-132, 174
공격적 비폭력 71, 76, 85, 92
공동-구성 158, 161-165, 177
공포 8, 12, 13, 53, 66, 76, 85, 103, 111, 126,
    145, 154, 158-161, 166, 173, 177
공포 판타즘 161
관계적 감성 55
구성적 관계성 156
구성적 타율 55
구성적 타율성 112, 169
『권력의 정신적 삶』 113, 117, 118
급진적 평등주의 11, 75-77, 92, 175

ㄴ

『누가 젠더를 두려워하랴』 5, 12, 144, 151-155,
    157-159, 161, 163, 165, 168, 177
누스바움, 마사 111

ㄷ

다른 상상계 86, 157, 166, 171, 179
다이 인 시위 121, 137
대항 상상계 158-160, 177

ㄹ

라이머, 데이비드 7, 8
레비나스, 에마뉘엘 10, 20, 21, 28, 36, 172
로이지두, 엘레나 46

ㅁ

몸의 주장 72, 79, 91

ㅂ

반-젠더 운동 12, 13, 144, 145, 157-159, 165,
    166, 170, 177
반-젠더 운동가 160
반-젠더 이데올로기 157
반-젠더 이데올로기 운동 166, 168, 177
보름스, 프레데리크 12, 144-152, 176
부인된 슬픔 119
불안정성 10, 21, 61, 64, 72, 79, 87, 88, 91, 93,
    128-130, 144, 145, 151, 170, 171, 173,
    174, 177
불안정함 21, 24, 29-31, 47, 48, 61, 64, 79, 87,
    88, 128-130, 144, 145, 169, 170, 173,
    177
불안정화 31, 32, 34, 47
브랜디, 어니타 46, 116
비선택적 공거 10, 20-22, 34, 38-40, 48, 172,
    173
비의도적 근접성 10, 20, 39
비토대적 연결점 10, 21, 33
비관력 82, 130, 132-135, 138, 175
『비폭력의 힘』 10, 64, 65, 67, 70, 72, 75, 77, 79,
    80, 113, 129, 130, 138, 159, 174, 175
비폭력 저항 11, 63-67, 70, 71, 73-76, 78, 83,
    174
비현실적 유령 120
비현실적 형태의 반란 연대 73, 135, 138

ㅅ

살 만하지 않음 146, 148

살 만한 삶 12, 13, 64, 75, 78, 124, 144-152, 166, 168, 169, 171, 172, 175-177, 179

『살 만한 삶과 살 만하지 않은 삶』 12, 144-146, 152, 168, 176, 177

살 만함 146

삶의 가능성 8, 11, 55, 66, 71, 74, 77, 80, 90, 113, 125, 137, 138, 144, 171, 173-176

상호 의존 28-30, 33-36, 73, 79, 86, 92, 94, 129, 136, 144, 148, 169, 173, 174, 177

상호 의존성 10, 11, 24, 33, 34, 55, 56, 58, 62, 71, 72, 74-78, 83, 86, 87, 90-93, 127, 128, 138, 140, 156, 169, 173, 177

상호 의존적 24, 77

상호 주체성 148

새로운 정치적 상상계 74, 87

생기론 12, 145-147, 149, 176

성별 6, 8, 9, 12, 13, 89, 145, 153, 155, 156, 161-165, 176, 177

수행성 28, 30-33, 35, 36, 60, 63, 74, 75, 79, 118, 121, 122, 155, 175

수행적 반항 125

수행적 저항의 실천 124, 126

쉬라토, 토니 46, 116

ㅇ

아렌트, 한나 10, 20-23, 25-29, 33, 34, 36-46, 172, 173

애도 가능성 7, 66, 71, 74, 76, 77, 111-113, 124, 125, 127, 137, 138, 172, 175

「애도와 우울증」 106, 107

애도할 수 없는 상실 118

양가성 11, 65, 84, 85, 107, 133, 149, 151, 178

양가적인 유대 135

양극성 108, 146, 149, 151

역동적 시스템 틀 짜기 162

연대 6, 9, 10, 13, 20, 28, 32, 48, 56, 57, 60, 61, 64, 72-75, 82, 85, 87, 103, 111, 112, 121, 129, 130, 132, 133, 135-138, 140, 149, 151, 152, 156-158, 166, 167, 171-175, 177

연대의 정치 104, 112, 157, 165, 168

열린 66

울증 82, 108, 110, 122, 123, 131, 140

원근의 가역성 10, 21, 48

『위태로운 삶』 8, 30, 55, 57, 74, 124, 175

윤리적 공존 20

윤리적 선회 5, 9, 61, 66, 112, 113, 138, 158, 175

윤리적 체현 양식 72, 91

윤리-정치 174

윤리-정치의 결속 64

이중의 부인 119

『인간의 조건』 20, 22-25, 33, 40, 41, 45, 173

인정받지 못한 상실 122

ㅈ

「자아와 이드」 107

자유 6, 20, 21, 28, 32, 37, 40, 41, 43, 45, 57, 71, 75, 77, 78, 91, 92, 127, 135, 136, 140, 150, 157, 158, 160, 166-169, 171, 173, 176, 177

저항 6, 8-11, 13, 32, 36, 42, 48, 56, 61-67, 69, 71, 73-77, 80, 82, 87, 91, 92, 94, 96, 109, 112, 113, 122, 124-126, 130-137, 146, 166, 173, 175

전 지구적 의무 36, 129

전투적 평화주의 73, 76, 92

정서의 연대 135

젠더 5-9, 12-14, 29, 30, 35, 55, 57, 58, 67, 78, 108, 109, 112-122, 138, 144, 145, 152-166, 169, 170, 172, 175-177

젠더 수행성 114

젠더 우울증 문화 118-120, 175

『젠더 트러블』 5, 6, 9, 55, 112-115, 118, 137, 151, 152, 154, 158, 177

젠더의 판타즘 165

젠더 판타즘 158, 160
『젠더 허물기』 7, 8, 29, 30, 35, 55, 57, 60, 74,
    112, 124, 175
조증 73, 82, 103, 108-110, 113, 122, 123, 130-
    138, 140, 174, 175
죽음정치 73, 125
죽음정치성 125
죽음 충동 82-84, 95, 109, 124, 130-134, 136
지구적 의무 127
『지금은 대체 어떤 세계인가』 11, 109, 175
지젝, 슬라보예 103
집회의 수행성 29, 63, 64, 73, 74, 174

ㅊ

초국적 연합 157
취약성 6, 11, 21, 30-33, 47, 48, 55-64, 66, 73,
    74, 79, 80, 86, 87, 90, 93, 110, 124,
    127-130, 136-138, 151, 166, 169, 173,
    174

ㅋ

클라인, 멜라니 72, 82-85, 154

ㅌ

타자의 정치윤리학 21

ㅍ

파괴적 행위에 맞서는 저항 134
판타즘 153, 154, 159, 160, 162, 165, 166
패러디의 웃음 137
평등 10, 12, 33, 34, 36, 39, 44, 48, 56, 59, 63-
    67, 70-79, 86, 87, 90-94, 111-113,
    124, 126, 127, 129, 130, 136-140, 143,

    150, 151, 157, 158, 166, 167, 171-173,
    175, 177
평등권 112
평등주의 5, 69, 74, 77, 78, 94, 112, 127, 129,
    130, 137
평등주의 상상계 11, 55, 73, 75-78, 86, 92-94,
    96, 138-140, 159, 178, 179
평등주의의 연대 129
프레카리아트 21, 96, 129
프레카리티 10, 21, 22, 28-37, 48, 61, 64, 79,
    128, 172, 173
프레카리티 정치 44, 48
프레카리티 정치사상 172
프레카리티 정치학 24, 28
프레카리티, 혹은 불안정성 31
프로이트, 지그문트 72, 73, 82-85, 106, 107,
    109, 113, 116, 117, 130-132, 154

ㅎ

하나의 연대 형식 158
행위 주체성 20, 32, 35, 61, 71, 174
현상학 11, 60, 109, 147
현상학적 147
협주된 상상 158, 171, 176, 177, 179

E

ec-static 58, 62

T

TERF(Trans-Exclusionary Radical Feminist)
    13, 56, 162, 171